12333 · 法律法规专辑

医疗保险与生育保险

中国劳动社会保障出版社

图书在版编目(CIP)数据

医疗保险与生育保险/中国劳动社会保障出版社法制图书编辑部编. -- 北京：中国劳动社会保障出版社，2019
(12333 · 法律法规专辑)
ISBN 978-7-5167-3960-0

Ⅰ. ①医… Ⅱ. ①中… Ⅲ. ①医疗保险-汇编-中国②生育-医疗保险-汇编-中国 Ⅳ. ①F842. 684

中国版本图书馆 CIP 数据核字(2019)第 059611 号

中国劳动社会保障出版社出版发行
(北京市惠新东街 1 号　邮政编码：100029)
*
保定市中画美凯印刷有限公司印刷装订　　新华书店经销
850 毫米×1168 毫米　32 开本　5. 5 印张　122 千字
2019 年 4 月第 1 版　　2019 年 4 月第 1 次印刷
定价：15. 00 元

读者服务部电话：(010) 64929211/84209101/64921644
营销中心电话：(010) 64962347
出版社网址：http://www.class.com.cn

目　　录

中华人民共和国社会保险法（节选）
(2018年12月29日修正)　……………………………（ 1 ）
中共中央　国务院关于深化医药卫生体制改革的意见
(2009年3月17日)　……………………………………（ 4 ）
中共中央　国务院关于推进价格机制改革的若干意见（节选）
(2015年10月12日)　……………………………………（ 25 ）
国务院关于建立城镇职工基本医疗保险制度的决定
(1998年12月14日)　……………………………………（ 26 ）
国务院关于整合城乡居民基本医疗保险制度的意见
(2016年1月3日)　………………………………………（ 32 ）
国务院办公厅转发卫生部等部门关于建立新型农村合作医疗制度意见的通知
(2003年1月16日)　……………………………………（ 39 ）
国务院办公厅关于建立健全基层医疗卫生机构补偿机制的意见
(2010年12月10日)　……………………………………（ 45 ）

国务院办公厅转发民政部等部门关于进一步完善医疗救助制度全面开展重特大疾病医疗救助工作意见的通知
（2015 年 4 月 21 日） …………………………………… （52）
国务院办公厅关于全面实施城乡居民大病保险的意见
（2015 年 7 月 28 日） …………………………………… （59）
国务院办公厅关于进一步深化基本医疗保险支付方式改革的指导意见
（2017 年 6 月 20 日） …………………………………… （65）
国务院办公厅关于促进“互联网+医疗健康”发展的意见
（2018 年 4 月 25 日） …………………………………… （72）
国务院办公厅关于改革完善医疗卫生行业综合监管制度的指导意见
（2018 年 7 月 18 日） …………………………………… （81）
国务院办公厅关于全面推进生育保险和职工基本医疗保险合并实施的意见
（2019 年 3 月 6 日） …………………………………… （92）
国家发展和改革委员会　国家卫生和计划生育委员会　人力资源和社会保障部　工业和信息化部　财政部　商务部　食品药品监督管理总局关于印发推进药品价格改革意见的通知

(2015 年 5 月 4 日) ……………………………… (96)
国家发展和改革委员会 国家卫生和计划生育委员会 人力资源和社会保障部 财政部关于印发推进医疗服务价格改革意见的通知
(2016 年 7 月 1 日) ……………………………… (101)
财政部 人力资源社会保障部 国家卫生计生委关于加强基本医疗保险基金预算管理发挥医疗保险基金控费作用的意见
(2016 年 12 月 29 日) …………………………… (108)
企业职工生育保险试行办法
(1994 年 12 月 14 日) …………………………… (114)
人力资源和社会保障部 财政部 国务院国有资产监督管理委员会 监察部关于妥善解决关闭破产国有企业退休人员等医疗保障有关问题的通知
(2009 年 5 月 27 日) ……………………………… (117)
人力资源和社会保障部关于普遍开展城镇居民基本医疗保险门诊统筹有关问题的意见
(2011 年 5 月 24 日) ……………………………… (121)
人力资源和社会保障部关于进一步推进医疗保险付费方式改革的意见
(2011 年 5 月 31 日) ……………………………… (127)
人力资源社会保障部 财政部 卫生部关于开展基本医疗保险付费总额控制的意见

(2012 年 11 月 14 日) ……………………………… (132)
人力资源社会保障部关于进一步加强基本医疗保险医疗服务监管的意见
(2014 年 8 月 18 日) ………………………………… (139)
人力资源和社会保障部　财政部　国家卫生和计划生育委员会关于进一步做好基本医疗保险异地就医医疗费用结算工作的指导意见
(2014 年 11 月 18 日) ……………………………… (146)
人力资源和社会保障部　国家发展和改革委员会　财政部　国家卫生和计划生育委员会关于印发《关于做好进城落户农民参加基本医疗保险和关系转移接续工作的办法》的通知
(2015 年 8 月 27 日) ………………………………… (152)
人力资源社会保障部关于积极推动医疗、医保、医药联动改革的指导意见
(2016 年 6 月 29 日) ………………………………… (156)
人力资源社会保障部　财政部　国家卫生计生委关于做好当前生育保险工作的意见
(2018 年 3 月 5 日) ………………………………… (162)
人力资源社会保障部办公厅关于开展长期护理保险制度试点的指导意见
(2016 年 6 月 27 日) ………………………………… (165)

中华人民共和国社会保险法（节选）

（2010年10月28日第十一届全国人民代表大会常务委员会第十七次会议通过　2010年10月28日中华人民共和国主席令第35号公布　根据2018年12月29日第十三届全国人民代表大会常务委员会第七次会议《关于修改〈中华人民共和国社会保险法〉的决定》修正）

第三章　基本医疗保险

第二十三条　职工应当参加职工基本医疗保险，由用人单位和职工按照国家规定共同缴纳基本医疗保险费。

无雇工的个体工商户、未在用人单位参加职工基本医疗保险的非全日制从业人员以及其他灵活就业人员可以参加职工基本医疗保险，由个人按照国家规定缴纳基本医疗保险费。

第二十四条　国家建立和完善新型农村合作医疗制度。

新型农村合作医疗的管理办法，由国务院规定。

第二十五条　国家建立和完善城镇居民基本医疗保险制度。

城镇居民基本医疗保险实行个人缴费和政府补贴相结合。

享受最低生活保障的人、丧失劳动能力的残疾人、低收入家庭六十周岁以上的老年人和未成年人等所需个人缴费部分，由政府给予补贴。

第二十六条　职工基本医疗保险、新型农村合作医疗和城镇居民基本医疗保险的待遇标准按照国家规定执行。

第二十七条 参加职工基本医疗保险的个人，达到法定退休年龄时累计缴费达到国家规定年限的，退休后不再缴纳基本医疗保险费，按照国家规定享受基本医疗保险待遇；未达到国家规定年限的，可以缴费至国家规定年限。

第二十八条 符合基本医疗保险药品目录、诊疗项目、医疗服务设施标准以及急诊、抢救的医疗费用，按照国家规定从基本医疗保险基金中支付。

第二十九条 参保人员医疗费用中应当由基本医疗保险基金支付的部分，由社会保险经办机构与医疗机构、药品经营单位直接结算。

社会保险行政部门和卫生行政部门应当建立异地就医医疗费用结算制度，方便参保人员享受基本医疗保险待遇。

第三十条 下列医疗费用不纳入基本医疗保险基金支付范围：

（一）应当从工伤保险基金中支付的；

（二）应当由第三人负担的；

（三）应当由公共卫生负担的；

（四）在境外就医的。

医疗费用依法应当由第三人负担，第三人不支付或者无法确定第三人的，由基本医疗保险基金先行支付。基本医疗保险基金先行支付后，有权向第三人追偿。

第三十一条 社会保险经办机构根据管理服务的需要，可以与医疗机构、药品经营单位签订服务协议，规范医疗服务行为。

医疗机构应当为参保人员提供合理、必要的医疗服务。

第三十二条 个人跨统筹地区就业的，其基本医疗保险关系随本人转移，缴费年限累计计算。

第六章　生 育 保 险

第五十三条　职工应当参加生育保险，由用人单位按照国家规定缴纳生育保险费，职工不缴纳生育保险费。

第五十四条　用人单位已经缴纳生育保险费的，其职工享受生育保险待遇；职工未就业配偶按照国家规定享受生育医疗费用待遇。所需资金从生育保险基金中支付。

生育保险待遇包括生育医疗费用和生育津贴。

第五十五条　生育医疗费用包括下列各项：

（一）生育的医疗费用；

（二）计划生育的医疗费用；

（三）法律、法规规定的其他项目费用。

第五十六条　职工有下列情形之一的，可以按照国家规定享受生育津贴：

（一）女职工生育享受产假；

（二）享受计划生育手术休假；

（三）法律、法规规定的其他情形。

生育津贴按照职工所在用人单位上年度职工月平均工资计发。

中共中央　国务院关于深化医药卫生体制改革的意见

（2009 年 3 月 17 日）

按照党的十七大精神，为建立中国特色医药卫生体制，逐步实现人人享有基本医疗卫生服务的目标，提高全民健康水平，现就深化医药卫生体制改革提出如下意见。

一、充分认识深化医药卫生体制改革的重要性、紧迫性和艰巨性

医药卫生事业关系亿万人民的健康，关系千家万户的幸福，是重大民生问题。深化医药卫生体制改革，加快医药卫生事业发展，适应人民群众日益增长的医药卫生需求，不断提高人民群众健康素质，是贯彻落实科学发展观、促进经济社会全面协调可持续发展的必然要求，是维护社会公平正义、提高人民生活质量的重要举措，是全面建设小康社会和构建社会主义和谐社会的一项重大任务。

新中国成立以来，特别是改革开放以来，我国医药卫生事业取得了显著成就，覆盖城乡的医药卫生服务体系基本形成，疾病防治能力不断增强，医疗保障覆盖人口逐步扩大，卫生科技水平迅速提高，人民群众健康水平明显改善，居民主要健康指标处于发展中国家前列。尤其是抗击非典取得重大胜利以来，各级政府投入加大，公共卫生、农村医疗卫生和城市社区卫生发展加快，新型农村合作医疗和城镇居民基本医疗保险取得突破性进展，为深化医药卫生体制改革打下了良好基础。同时，也应该看到，当前我国医药卫生事业发展水平与人民群众健康需求及经济社会协调发展要求不适应的矛盾还比较突出。城乡和区域医疗卫生事业发展不平衡，资源配置不合理，公共卫生和农村、社区医疗卫生工作比较薄弱，医疗保障制度不健全，药品生产流通秩序不规范，医院管理体制和运行机制不完善，政府卫生投入不足，医药费用上涨过快，个人负担过重，对此，人民群众反映强烈。

从现在到 2020 年，是我国全面建设小康社会的关键时期，医药卫生工作任务繁重。随着经济的发展和人民生活水平的提高，群众对改善医药卫生服务将会有更高的要求。工业化、城镇化、人口老龄化、疾病谱变化和生态环境变化等，都给医药卫生工作带来一系列新的严峻挑战。深化医药卫生体制改革，是加快医药卫生事业发展的战略选择，是实现人民共享改革发展成果的重要途径，是广大人民群众的迫切愿望。

深化医药卫生体制改革是一项涉及面广、难度大的社会系统工程。我国人口多，人均收入水平低，城乡、区域差距大，长期处于社会主义初级阶段的基本国情，决定了深化医药卫生体制改革是一项十分复杂艰巨的任务，是一个渐进的过程，需要在明确方向和框架的基础上，经过长期艰苦努力和坚持不懈的探索，才能逐步建立符合我国国情的医药卫生体制。因此，对深化医药卫生体制改革，既要坚定决心、抓紧推进，又要精心组织、稳步实施，确保改革顺利进行，达到预期目标。

二、深化医药卫生体制改革的指导思想、基本原则和总体目标

（一）深化医药卫生体制改革的指导思想。以邓小平理论和“三个代表”重要思想为指导，深入贯彻落实科学发展观，从我国国情出发，借鉴国际有益经验，着眼于实现人人享有基本医疗卫生服务的目标，着力解决人民群众最关心、最直接、最现实的利益问题。坚持公共医疗卫生的公益性质，坚持预防为主、以农村为重点、中西医并重的方针，实行政事分开、管办分开、医药分开、营利性和非营利性分开，强化政府责任和投入，完善国民健康政策，健全制度体系，加强监督管理，创新体制机制，鼓励社会参与，建设覆盖城乡居民的基本医疗卫生制度，不断提高全民健康水平，促进社会和谐。

（二）深化医药卫生体制改革的基本原则。医药卫生体制改革必须立足国情，一切从实际出发，坚持正确的改革原则。

——坚持以人为本，把维护人民健康权益放在第一位。坚持医药卫生事业为人民健康服务的宗旨，以保障人民健康为中心，以人人享有基本医疗卫生服务为根本出发点和落脚点，从改革方案设计、卫生制度建立到服务体系建设都要遵循公益性的原则，把基本医疗卫生制度作为公共产品向全民提供，着力解决群众反映强烈的突出问题，努力实现全体人民病有所医。

——坚持立足国情，建立中国特色医药卫生体制。坚持从基本国情出发，实事求是地总结医药卫生事业改革发展的实践经验，准确把握医药卫生发展规律和主要矛盾；坚持基本医疗卫生服务水平与经济社会发展相协调、与人民群众的承受能力相适应；充分发挥中医药（民族医药）作用；坚持因地制宜、分类指导，发挥地方积极性，探索建立符合国情的基本医疗卫生制度。

——坚持公平与效率统一，政府主导与发挥市场机制作用相结合。强化政府在基本医疗卫生制度中的责任，加强政府在制度、规划、筹资、服务、监管等方面的职责，维护公共医疗卫生的公益性，促进公平公正。同时，注重发挥市场机制作用，动员社会力量参与，促进有序竞争机制的形成，提高医疗卫生运行效率、服务水平和质量，满足人民群众多层次、多样化的医疗卫生需求。

——坚持统筹兼顾，把解决当前突出问题与完善制度体系结合起来。从全局出发，统筹城乡、区域发展，兼顾供给方和需求方等各方利益，注重预防、治疗、康复三者的结合，正确处理政府、卫生机构、医药企业、医务人员和人民群众之间的关系。既着眼长远，创新体制机制，又立足当前，着力解决医药卫生事业中存在的突出问题。既注重整体设计，明确总体改革方向目标和基本框架，又突出重点，分步实施，积极稳妥地推进改革。

（三）深化医药卫生体制改革的总体目标。建立健全覆盖城乡居民的基本医疗卫生制度，为群众提供安全、有效、方便、价廉的医疗卫生服务。

到 2011 年，基本医疗保障制度全面覆盖城乡居民，基本药物制度初步建立，城乡基层医疗卫生服务体系进一步健全，基本公共卫生服务得到普及，公立医院改革试点取得突破，明显提高基本医疗卫生服务可及性，有效减轻居民就医费用负担，切实缓解“看病难、看病贵”问题。

到 2020 年，覆盖城乡居民的基本医疗卫生制度基本建立。普遍建立比较完善的公共卫生服务体系和医疗服务体系，比较健全的医疗保障体系，比较规范的药品供应保障体系，比较科学的医疗卫生机构管理体制和运行机制，形成多元办医格局，人人享有基本医疗卫生服务，基本适应人民群众多层次的医疗卫生需求，人民群众健康水平进一步提高。

三、完善医药卫生四大体系，建立覆盖城乡居民的基本医疗卫生制度

建设覆盖城乡居民的公共卫生服务体系、医疗服务体系、医疗保障体系、药品供应保障体系，形成四位一体的基本医疗卫生制度。四大体系相辅相成，配套建设，协调发展。

（四）全面加强公共卫生服务体系建设。建立健全疾病预防控制、健康教育、妇幼保健、精神卫生、应急救治、采供血、卫生监督和计划生育等专业公共卫生服务网络，完善以基层医疗卫生服务网络为基础的医疗服务体系的公共卫生服务功能，建立分工明确、信息互通、资源共享、协调互动的公共卫生服务体系，提高公共卫生服务和突发公共卫生事件应急处置能力，促进城乡居民逐步享有均等化的基本公共卫生服务。

确定公共卫生服务范围。明确国家基本公共卫生服务项目，逐步增加服务内容。鼓励地方政府根据当地经济发展水平和突出的公共卫生问题，在中央规定服务项目的基础上增加公共卫生服务内容。

完善公共卫生服务体系。进一步明确公共卫生服务体系的职能、目标和任务，优化人员和设备配置，探索整合公共卫生服务资源的有效形式。完善重大疾病防控体系和突发公共卫生事件应急机制，加强对严重威胁人民健康的传染病、慢性病、地方病、职业病和出生缺陷等疾病的监测与预防控制。加强城乡急救体系建设。

加强健康促进与教育。医疗卫生机构及机关、学校、社区、企业等要大力开展健康教育，充分利用各种媒体，加强健康、医药卫生知识的传播，倡导健康文明的生活方式，促进公众合理营养，提高群众的健康意识和自我保健能力。

深入开展爱国卫生运动。将农村环境卫生与环境污染治理纳入社会主义新农村建设规划，推动卫生城市和文明村镇建设，不断改善城乡居民生活、工作等方面的卫生环境。

加强卫生监督服务。大力促进环境卫生、食品卫生、职业卫生、学校卫生，以及农民工等流动人口卫生工作。

（五）进一步完善医疗服务体系。坚持非营利性医疗机构为主体、营利性医疗机构为补充，公立医疗机构为主导、非公立医疗机构共同发展的办医原则，建设结构合理、覆盖城乡的医疗服务体系。

大力发展农村医疗卫生服务体系。进一步健全以县级医院为龙头、乡镇卫生院和村卫生室为基础的农村医疗卫生服务网络。县级医院作为县域内的医疗卫生中心，主要负责基本医疗服务及危重急症病人的抢救，并承担对乡镇卫生院、村卫生室的业务技术指导和卫生人员的进修培训；乡镇卫生院负责提供公共卫生服务和常见病、多发病的诊疗等综合服务，并承担对村卫生室的业务管理和技术指导；村卫生室承担行政村的公共卫生服务及一般疾病的诊治等工作。有条件的农村实行乡村一体化管理。积极推进农村医疗卫生基础设施和能力建设，政府重点办好县级医院，并在每个乡镇办好一所卫生院，采取多种形式支持村卫生室建设，使每个行政村都有一所村卫生室，大力改善农村医疗卫生条件，提高服务质量。

完善以社区卫生服务为基础的新型城市医疗卫生服务体系。加快建设以社区卫生服务中心为主体的城市社区卫生服务网络，完善服务功能，以维护社区居民健康为中心，提供疾病预防控制等公共卫生服务、一般常见病及多发病的初级诊疗服务、慢性病管理和康复服务。转变社区卫生服务模式，不断提高服务水平，坚持主动服务、上门服务，逐步承担起居民健康“守门人”的职责。

健全各类医院的功能和职责。优化布局和结构，充分发挥城市医院在危重急症和疑难病症的诊疗、医学教育和科研、指导和培训基层卫生人员等方面的骨干作用。有条件的大医院按照区域卫生规划要求，可以通过托管、重组等方式促进医疗资源合理流动。

建立城市医院与社区卫生服务机构的分工协作机制。城市医院通过技术支持、人员培训等方式，带动社区卫生服务持续发展。同时，采取增强服务能力、降低收费标准、提高报销比例等综合措施，引导一般诊疗下沉到基层，逐步实现社区首诊、分级医疗和双向转诊。整合城市卫生资源，充分利用城市现有一、二级医院及国有企事业单位所属医疗机构和社会力量举办的医疗机构等资源，发展和完善社区卫生服务网络。

充分发挥中医药（民族医药）在疾病预防控制、应对突发公共卫生事件、医疗服务中的作用。加强中医临床研究基地和中医院建设，组织开展中医药防治疑难疾病的联合攻关。在基层医疗卫生服务中，大力推广中医药适宜技术。采取扶持中医药发展政策，促进中医药继承和创新。

建立城市医院对口支援农村医疗卫生工作的制度。发达地区要加强对口支援贫困地区和少数民族地区发展医疗卫生事业。城市大医院要与县级医院建立长期稳定的对口支援和合作制度，采取临床服务、人员培训、技术指导、设备支援等方式，帮助其提高医疗水平和服务能力。

（六）加快建设医疗保障体系。加快建立和完善以基本医疗保障为主体，其他多种形式补充医疗保险和商业健康保险为补充，覆盖城乡居民的多层次医疗保障体系。

建立覆盖城乡居民的基本医疗保障体系。城镇职工基本医疗保险、城镇居民基本医疗保险、新型农村合作医疗和城乡医疗救助共同组成基本医疗保障体系，分别覆盖城镇就业人口、城镇非就业人口、农村人口和城乡困难人群。坚持广覆盖、保基本、可持续的原则，从重点保障大病起步，逐步向门诊小病延伸，不断提高保障水平。建立国家、单位、家庭和个人责任明确、分担合理的多渠道筹资机制，实现社会互助共济。随着经济社会发展，逐步提高筹资水平和统筹层次，缩小保障水平差距，最终实现制度框架的基本统一。进一步完善城镇职工基本医疗保险制度，加快覆盖就业人口，重点解决国有关闭破产企业、困难企业等职工和退休人员，以及非公有制经济组织从业人员和灵活就业人员的基本医疗保险问题；2009 年全面推开城镇居民基本医疗保险，重视解决老人、残疾人和儿童的基本医疗保险问题；全面实施新型农村合作医疗制度，逐步提高政府补助水平，适当增加农民缴费，提高保障能力；完善城乡医疗救助制度，对困难人群参保及其难以负担的医疗费用提供补助，筑牢医疗保障底线。探索建立城乡一体化的基本医疗保障管理制度。

鼓励工会等社会团体开展多种形式的医疗互助活动。鼓励和引导各类组织和个人发展社会慈善医疗救助。

做好城镇职工基本医疗保险制度、城镇居民基本医疗保险制度、新型农村合作医疗制度和城乡医疗救助制度之间的衔接。以城乡流动的农民工为重点积极做好基本医疗保险关系转移接续，以异地安置的退休人员为重点改进异地就医结算服务。妥善解决农民工基本医疗保险问题。签订劳动合同并与企业建立稳定劳动关系的农民工，要按照国家规定明确用人单位缴费责任，将其纳入城镇职工基本医疗保险制度；其他农民工根据实际情况，参加户籍所在地新型农村合作医疗或务工所在地城镇居民基本医疗保险。

积极发展商业健康保险。鼓励商业保险机构开发适应不同需要的健康保险产品，简化理赔手续，方便群众，满足多样化的健康需求。鼓励企业和个人通过参加商业保险及多种形式的补充保险解决基本医疗保障之外的需求。在确保基金安全和有效监管的前提下，积极提倡以政府购买医疗保障服务的方式，探索委托具有资质的商业保险机构经办各类医疗保障管理服务。

（七）建立健全药品供应保障体系。加快建立以国家基本药物制度为基础的药品供应保障体系，保障人民群众安全用药。

建立国家基本药物制度。中央政府统一制定和发布国家基本药物目录，按照防治必需、安全有效、价格合理、使用方便、中西药并重的原则，结合我国用药特点，参照国际经验，合理确定品种和数量。建立基本药物的生产供应保障体系，在政府宏观调控下充分发挥市场机制的作用，基本药物实行公开招标采购，统一配送，减少中间环节，保障群众基本用药。国家制定基本药物零售指导价格，在指导价格内，由省级人民政府根据招标情况确定本地区的统一采购价格。规范基本药物使用，制定基本药物临床应用指南和基本药物处方集。城乡基层医疗卫生机构应全部配备、使用基本药物，其他各类医疗机构也要将基本药物作为首选药物并确定使用比例。基本药物全部纳入基本医疗保障药物报销目录，报销比例明显高于非基本药物。

规范药品生产流通。完善医药产业发展政策和行业发展规划，严格市场准入和药品注册审批，大力规范和整顿生产流通秩序，推动医药企业提高自主创新能力和医药产业结构优化升级，发展药品现代物流和连锁经营，促进药品生产、流通企业的整合。建立便民惠农的农村药品供应网。完善药品储备制度。支持用量小的特殊用药、急救用药生产。规范药品采购，坚决治理医药购销中的商业贿赂。加强药品不良反应监测，建立药品安全预警和应急处置机制。

四、完善体制机制，保障医药卫生体系有效规范运转

完善医药卫生的管理、运行、投入、价格、监管体制机制，加强科技与人才、信息、法制建设，保障医药卫生体系有效规范运转。

（八）建立协调统一的医药卫生管理体制。实施属地化和全行业管理。所有医疗卫生机构，不论所有制、投资主体、隶属关系和经营性质，均由所在地卫生行政部门实行统一规划、统一准入、统一监管。中央、省级可以设置少量承担医学科研、教学功能的医学中心或区域医疗中心，以及承担全国或区域性疑难病症诊治的专科医院等医疗机构；县（市）主要负责举办县级医院、乡村卫生和社区卫生服务机构；其余公立医院由市负责举办。

强化区域卫生规划。省级人民政府制定卫生资源配置标准，组织编制区域卫生规划和医疗机构设置规划，明确医疗机构的数量、规模、布局和功能。科学制定乡镇卫生院（村卫生室）、社区卫生服务中心（站）等基层医疗卫生机构和各级医院建设与设备配置标准。充分利用和优化配置现有医疗卫生资源，对不符合规划要求的医疗机构要逐步进行整合，严格控制大型医疗设备配置，鼓励共建共享，提高医疗卫生资源利用效率。新增卫生资源必须符合区域卫生规划，重点投向农村和社区卫生等薄弱环节。加强区域卫生规划与城乡规划、土地利用总体规划等的衔接。建立区域卫生规划和资源配置监督评价机制。

推进公立医院管理体制改革。从有利于强化公立医院公益性和政府有效监管出发，积极探索政事分开、管办分开的多种实现形式。进一步转变政府职能，卫生行政部门主要承担卫生发展规划、资格准入、规范标准、服务监管等行业管理职能，其他有关部门按照各自职能进行管理和提供服务。落实公立医院独立法人地位。

进一步完善基本医疗保险管理体制。中央统一制定基本医疗保险制度框架和政策，地方政府负责组织实施管理，创造条件逐步提高统筹层次。有效整合基本医疗保险经办资源，逐步实现城乡基本医疗保险行政管理的统一。

（九）建立高效规范的医药卫生机构运行机制。公共卫生机构收支全部纳入预算管理。按照承担的职责任务，由政府合理确定人员编制、工资水平和经费标准，明确各类人员岗位职责，严格人员准入，加强绩效考核，建立能进能出的用人制度，提高工作效率和服务质量。

转变基层医疗卫生机构运行机制。政府举办的城市社区卫生服务中心（站）和乡镇卫生院等基层医疗卫生机构，要严格界定服务功能，明确规定使用适宜技术、适宜设备和基本药物，为广大群众提供低成本服务，维护公益性质。要严格核定人员编制，实行人员聘用制，建立能进能出和激励有效的人力资源管理制度。要明确收支范围和标准，实行核定任务、核定收支、绩效考核补助的财务管理办法，并探索实行收支两条线、公共卫生和医疗保障经费的总额预付等多种行之有效的管理办法，严格收支预算管理，提高资金使用效益。要改革药品加成政策，实行药品零差率销售。加强和完善内部管理，建立以服务质量为核心、以岗位责任与绩效为基础的考核和激励制度，形成保障公平效率的长效机制。

建立规范的公立医院运行机制。公立医院要遵循公益性质和社会效益原则，坚持以病人为中心，优化服务流程，规范用药、检查和医疗行为。深化运行机制改革，建立和完善医院法人治理结构，明确所有者和管理者的责权，形成决策、执行、监督相互制衡，有责任、有激励、有约束、有竞争、有活力的机制。推进医药分开，积极探索多种有效方式逐步改革以药补医机制。通过实行药品购销差别加价、设立药事服务费等多种方式逐步改革或取消药品加成政策，同时采取适当调整医疗服务价格、增加政府投入、改革支付方式等措施完善公立医院补偿机制。进一步完善财务、会计管理制度，严格预算管理，加强财务监管和运行监督。地方可结合本地实际，对有条件的医院开展“核定收支、以收抵支、超收上缴、差额补助、奖惩分明”等多种管理办法的试点。改革人事制度，完善分配激励机制，推行聘用制度和岗位管理制度，严格工资总额管理，实行以服务质量及岗位工作量为主的综合绩效考核和岗位绩效工资制度，有效调动医务人员的积极性。

健全医疗保险经办机构运行机制。完善内部治理结构，建立合理的用人机制和分配制度，完善激励约束机制，提高医疗保险经办管理能力和管理效率。

（十）建立政府主导的多元卫生投入机制。明确政府、社会与个人的卫生投入责任。确立政府在提供公共卫生和基本医疗服务中的主导地位。公共卫生服务主要通过政府筹资，向城乡居民均等化提供。基本医疗服务由政府、社会和个人三方合理分担费用。特需医疗服务由个人直接付费或通过商业健康保险支付。

建立和完善政府卫生投入机制。中央政府和地方政府都要增加对卫生的投入，并兼顾供给方和需求方。逐步提高政府卫生投入占卫生总费用的比重，使居民个人基本医疗卫生费用负担有效减轻；政府卫生投入增长幅度要高于经常性财政支出的增长幅度，使政府卫生投入占经常性财政支出的比重逐步提高。新增政府卫生投入重点用于支持公共卫生、农村卫生、城市社区卫生和基本医疗保障。

按照分级负担的原则合理划分中央和地方各级政府卫生投入责任。地方政府承担主要责任，中央政府主要对国家免疫规划、跨地区的重大传染疾病预防控制等公共卫生、城乡居民的基本医疗保障以及有关公立医疗卫生机构建设等给予补助。加大中央、省级财政对困难地区的专项转移支付力度。

完善政府对公共卫生的投入机制。专业公共卫生服务机构的人员经费、发展建设和业务经费由政府全额安排，按照规定取得的服务收入上缴财政专户或纳入预算管理。逐步提高人均公共卫生经费，健全公共卫生服务经费保障机制。

完善政府对城乡基层医疗卫生机构的投入机制。政府负责其举办的乡镇卫生院、城市社区卫生服务中心（站）按国家规定核定的基本建设经费、设备购置经费、人员经费和其承担公共卫生服务的业务经费，使其正常运行。对包括社会力量举办的所有乡镇卫生院和城市社区卫生服务机构，各地都可采取购买服务等方式核定政府补助。支持村卫生室建设，对乡村医生承担的公共卫生服务等任务给予合理补助。

落实公立医院政府补助政策。逐步加大政府投入，主要用于基本建设和设备购置、扶持重点学科发展、符合国家规定的离退休人员费用和补贴政策性亏损等，对承担的公共卫生服务等任务给予专项补助，形成规范合理的公立医院政府投入机制。对中医院（民族医院）、传染病院、精神病院、职业病防治院、妇产医院和儿童医院等在投入政策上予以倾斜。严格控制公立医院建设规模、标准和贷款行为。

完善政府对基本医疗保障的投入机制。政府提供必要的资金支持新型农村合作医疗、城镇居民基本医疗保险、城镇职工基本医疗保险和城乡医疗救助制度的建立和完善。保证相关经办机构正常经费。

鼓励和引导社会资本发展医疗卫生事业。积极促进非公立医疗卫生机构发展，形成投资主体多元化、投资方式多样化的办医体制。抓紧制定和完善有关政策法规，规范社会资本包括境外资本办医疗机构的准入条件，完善公平公正的行业管理政策。鼓励社会资本依法兴办非营利性医疗机构。国家制定公立医院改制的指导性意见，积极引导社会资本以多种方式参与包括国有企业所办医院在内的部分公立医院改制重组。稳步推进公立医院改制的试点，适度降低公立医疗机构比重，形成公立医院与非公立医院相互促进、共同发展的格局。支持有资质人员依法开业，方便群众就医。完善医疗机构分类管理政策和税收优惠政策。依法加强对社会力量办医的监管。

大力发展医疗慈善事业。制定相关优惠政策，鼓励社会力量兴办慈善医疗机构，或向医疗救助、医疗机构等慈善捐赠。

（十一）建立科学合理的医药价格形成机制。规范医疗服务价格管理。对非营利性医疗机构提供的基本医疗服务，实行政府指导价，其余由医疗机构自主定价。中央政府负责制定医疗服务价格政策及项目、定价原则及方法；省或市级价格主管部门会同卫生、人力资源社会保障部门核定基本医疗服务指导价格。基本医疗服务价格按照扣除财政补助的服务成本制定，体现医疗服务合理成本和技术劳务价值。不同级别的医疗机构和医生提供的服务，实行分级定价。规范公立医疗机构收费项目和标准，研究探索按病种收费等收费方式改革。建立医用设备仪器价格监测、检查治疗服务成本监审及其价格定期调整制度。

改革药品价格形成机制。合理调整政府定价范围，改进定价方法，提高透明度，利用价格杠杆鼓励企业自主创新，促进国家基本药物的生产和使用。对新药和专利药品逐步实行定价前药物经济性评价制度。对仿制药品实行后上市价格从低定价制度，抑制低水平重复建设。严格控制药品流通环节差价率。对医院销售药品开展差别加价、收取药事服务费等试点，引导医院合理用药。加强医用耗材及植（介）入类医疗器械流通和使用环节价格的控制和管理。健全医药价格监测体系，规范企业自主定价行为。

积极探索建立医疗保险经办机构与医疗机构、药品供应商的谈判机制，发挥医疗保障对医疗服务和药品费用的制约作用。

（十二）建立严格有效的医药卫生监管体制。强化医疗卫生监管。健全卫生监督执法体系，加强城乡卫生监督机构能力建设。强化医疗卫生服务行为和质量监管，完善医疗卫生服务标准和质量评价体系，规范管理制度和工作流程，加快制定统一的疾病诊疗规范，健全医疗卫生服务质量监测网络。加强医疗卫生机构的准入和运行监管。加强对生活饮用水安全、职业危害防治、食品安全、医疗废弃物处置等社会公共卫生的监管。依法严厉打击各种危害人民群众身体健康和生命安全的违法行为。

完善医疗保障监管。加强对医疗保险经办、基金管理和使用等环节的监管，建立医疗保险基金有效使用和风险防范机制。强化医疗保障对医疗服务的监控作用，完善支付制度，积极探索实行按人头付费、按病种付费、总额预付等方式，建立激励与惩戒并重的有效约束机制。加强商业健康保险监管，促进规范发展。

加强药品监管。强化政府监管责任，完善监管体系建设，严格药品研究、生产、流通、使用、价格和广告的监管。落实药品生产质量管理规范，加强对高风险品种生产的监管。严格实施药品经营管理规范，探索建立药品经营许可分类、分级的管理模式，加大重点品种的监督抽验力度。建立农村药品监督网。加强政府对药品价格的监管，有效抑制虚高定价。规范药品临床使用，发挥执业药师指导合理用药与药品质量管理方面的作用。

建立信息公开、社会多方参与的监管制度。鼓励行业协会等社会组织和个人对政府部门、医药机构和相关体系的运行绩效进行独立评价和监督。加强行业自律。

（十三）建立可持续发展的医药卫生科技创新机制和人才保障机制。推进医药卫生科技进步。把医药卫生科技创新作为国家科技发展的重点，努力攻克医药科技难关，为人民群众健康提供技术保障。加大医学科研投入，深化医药卫生科技体制和机构改革，整合优势医学科研资源，加快实施医药科技重大专项，鼓励自主创新，加强对重大疾病防治技术和新药研制关键技术等的研究，在医学基础和应用研究、高技术研究、中医和中西医结合研究等方面力求新的突破。开发生产适合我国国情的医疗器械。广泛开展国际卫生科技合作交流。

加强医药卫生人才队伍建设。制定和实施人才队伍建设规划，重点加强公共卫生、农村卫生、城市社区卫生专业技术人员和护理人员的培养培训。制定优惠政策，鼓励优秀卫生人才到农村、城市社区和中西部地区服务。对长期在城乡基层工作的卫生技术人员在职称晋升、业务培训、待遇政策等方面给予适当倾斜。完善全科医师任职资格制度，健全农村和城市社区卫生人员在岗培训制度，鼓励参加学历教育，促进乡村医生执业规范化，尽快实现基层医疗卫生机构都有合格的全科医生。加强高层次科研、医疗、卫生管理等人才队伍建设。建立住院医师规范化培训制度，强化继续医学教育。加强护理队伍建设，逐步解决护理人员比例过低的问题。培育壮大中医药人才队伍。稳步推动医务人员的合理流动，促进不同医疗机构之间人才的纵向和横向交流，研究探索注册医师多点执业。规范医院管理者的任职条件，逐步形成一支职业化、专业化的医疗机构管理队伍。

调整高等医学教育结构和规模。加强全科医学教育，完善标准化、规范化的临床医学教育，提高医学教育质量。加大医学教育投入，大力发展面向农村、社区的高等医学本专科教育，采取定向免费培养等多种方式，为贫困地区农村培养实用的医疗卫生人才，造就大批扎根农村、服务农民的合格医生。

构建健康和谐的医患关系。加强医德医风建设，重视医务人员人文素养培养和职业素质教育，大力弘扬救死扶伤精神。优化医务人员执业环境和条件，保护医务人员的合法权益，调动医务人员改善服务和提高效率的积极性。完善医疗执业保险，开展医务社会工作，完善医疗纠纷处理机制，增进医患沟通。在全社会形成尊重医学科学、尊重医疗卫生工作者、尊重患者的良好风气。

（十四）建立实用共享的医药卫生信息系统。大力推进医药卫生信息化建设。以推进公共卫生、医疗、医保、药品、财务监管信息化建设为着力点，整合资源，加强信息标准化和公共服务信息平台建设，逐步实现统一高效、互联互通。

加快医疗卫生信息系统建设。完善以疾病控制网络为主体的公共卫生信息系统，提高预测预警和分析报告能力；以建立居民健康档案为重点，构建乡村和社区卫生信息网络平台；以医院管理和电子病历为重点，推进医院信息化建设；利用网络信息技术，促进城市医院与社区卫生服务机构的合作。积极发展面向农村及边远地区的远程医疗。

建立和完善医疗保障信息系统。加快基金管理、费用结算与控制、医疗行为管理与监督、参保单位和个人管理服务等具有复合功能的医疗保障信息系统建设。加强城镇职工基本医疗保险、城镇居民基本医疗保险、新型农村合作医疗和医疗救助信息系统建设，实现与医疗机构信息系统的对接，积极推广“一卡通”等办法，方便参保（合）人员就医，增加医疗服务的透明度。

建立和完善国家、省、市三级药品监管、药品检验检测、药品不良反应监测信息网络。建立基本药物供求信息系统。

（十五）建立健全医药卫生法律制度。完善卫生法律法规。加快推进基本医疗卫生立法，明确政府、社会和居民在促进健康方面的权利和义务，保障人人享有基本医疗卫生服务。建立健全卫生标准体系，做好相关法律法规的衔接与协调。加快中医药立法工作。完善药品监管法律法规。逐步建立健全与基本医疗卫生制度相适应、比较完整的卫生法律制度。

推进依法行政。严格、规范执法，切实提高各级政府运用法律手段发展和管理医药卫生事业的能力。加强医药卫生普法工作，努力创造有利于人民群众健康的法治环境。

五、着力抓好五项重点改革，力争近期取得明显成效

为使改革尽快取得成效，落实医疗卫生服务的公益性质，着力保障广大群众看病就医的基本需求，按照让群众得到实惠，让医务人员受到鼓舞，让监管人员易于掌握的要求，2009—2011年着力抓好五项重点改革。

（十六）加快推进基本医疗保障制度建设。基本医疗保障制度全面覆盖城乡居民，3年内城镇职工基本医疗保险、城镇居民基本医疗保险和新型农村合作医疗参保（合）率均达到90%以上；城乡医疗救助制度覆盖到全国所有困难家庭。以提高住院和门诊大病保障为重点，逐步提高筹资和保障水平，2010年各级财政对城镇居民基本医疗保险和新型农村合作医疗的补助标准提高到每人每年120元。做好医疗保险关系转移接续和异地就医结算服务。完善医疗保障管理体制机制。有效减轻城乡居民个人医药费用负担。

（十七）初步建立国家基本药物制度。建立比较完整的基本药物遴选、生产供应、使用和医疗保险报销的体系。2009年，公布国家基本药物目录；规范基本药物采购和配送；合理确定基本药物的价格。从2009年起，政府举办的基层医疗卫生机构全部配备和使用基本药物，其他各类医疗机构也都必须按规定使用基本药物，所有零售药店均应配备和销售基本药物；完善基本药物的医保报销政策。保证群众基本用药的可及性、安全性和有效性，减轻群众基本用药费用负担。

（十八）健全基层医疗卫生服务体系。加快农村三级医疗卫生服务网络和城市社区卫生服务机构建设，发挥县级医院的龙头作用，用3年时间建成比较完善的基层医疗卫生服务体系。加强基层医疗卫生人才队伍建设，特别是全科医生的培养培训，着力提高基层医疗卫生机构服务水平和质量。转变基层医疗卫生机构运行机制和服务模式，完善补偿机制。逐步建立分级诊疗和双向转诊制度，为群众提供便捷、低成本的基本医疗卫生服务。

（十九）促进基本公共卫生服务逐步均等化。国家制定基本公共卫生服务项目，从 2009 年起，逐步向城乡居民统一提供疾病预防控制、妇幼保健、健康教育等基本公共卫生服务。实施国家重大公共卫生服务项目，有效预防控制重大疾病及其危险因素，进一步提高突发重大公共卫生事件处置能力。健全城乡公共卫生服务体系，完善公共卫生服务经费保障机制，2009 年人均基本公共卫生服务经费标准不低于 15 元，到 2011 年不低于 20 元。加强绩效考核，提高服务效率和质量。逐步缩小城乡居民基本公共卫生服务差距，力争让群众少生病。

（二十）推进公立医院改革试点。改革公立医院管理体制、运行机制和监管机制，积极探索政事分开、管办分开的有效形式。完善医院法人治理结构。推进公立医院补偿机制改革，加大政府投入，完善公立医院经济补偿政策，逐步解决"以药补医"问题。加快形成多元化办医格局，鼓励民营资本举办非营利性医院。大力改进公立医院内部管理，优化服务流程，规范诊疗行为，调动医务人员的积极性，提高服务质量和效率，明显缩短病人等候时间，实现同级医疗机构检查结果互认，努力让群众看好病。

六、积极稳妥推进医药卫生体制改革

（二十一）提高认识，加强领导。各级党委和政府要充分认识深化医药卫生体制改革的重要性、紧迫性和艰巨性，提高认识、坚定信心，切实加强组织领导，把解决群众看病就医问题作为改善民生、扩大内需的重点摆上重要议事日程，明确任务分工，落实政府的公共医疗卫生责任。成立国务院深化医药卫生体制改革领导小组，统筹组织实施深化医药卫生体制改革。国务院有关部门要认真履行职责，密切配合，形成合力，加强监督考核。地方政府要按照本意见和实施方案的要求，因地制宜制定具体实施方案和有效措施，精心组织，有序推进改革进程，确保改革成果惠及全体人民群众。

（二十二）突出重点，分步实施。建立覆盖城乡居民的基本医疗卫生制度是一项长期任务，要坚持远近结合，从基础和基层起步，近期重点抓好基本医疗保障制度、国家基本药物制度、基层医疗卫生服务体系、基本公共卫生服务均等化和公立医院改革试点五项改革。要抓紧制定操作性文件和具体方案，进一步深化、细化政策措施，明确实施步骤，做好配套衔接，协调推进各项改革。

（二十三）先行试点，逐步推开。医药卫生体制改革涉及面广、情况复杂、政策性强，一些重大改革要先行试点。国务院深化医药卫生体制改革领导小组负责制定试点原则和政策框架，统筹协调、指导各地试点工作。各省区市制定具体试点方案并组织实施。鼓励地方结合当地实际，开展多种形式的试点，积极探索有效的实现途径，并及时总结经验，逐步推开。

（二十四）加强宣传，正确引导。深化医药卫生体制改革需要社会各界和广大群众的理解、支持和参与。要坚持正确的舆论导向，广泛宣传改革的重大意义和主要政策措施，积极引导社会预期，增强群众信心，使这项惠及广大人民群众的重大改革深入人心，为深化改革营造良好的舆论环境。

中共中央　国务院关于推进价格机制改革的若干意见（节选）

（2015年10月12日）

（七）理顺医疗服务价格。围绕深化医药卫生体制改革目标，按照“总量控制、结构调整、有升有降、逐步到位”原则，积极稳妥推进医疗服务价格改革，合理调整医疗服务价格，同步强化价格、医保等相关政策衔接，确保医疗机构发展可持续、医保基金可承受、群众负担不增加。建立以成本和收入结构变化为基础的价格动态调整机制，到2020年基本理顺医疗服务比价关系。落实非公立医疗机构医疗服务市场调节价政策。公立医疗机构医疗服务项目价格实行分类管理，对市场竞争比较充分、个性化需求比较强的医疗服务项目价格实行市场调节价，其中医保基金支付的服务项目由医保经办机构与医疗机构谈判合理确定支付标准。进一步完善药品采购机制，发挥医保控费作用，药品实际交易价格主要由市场竞争形成。

国务院关于建立城镇职工基本医疗保险制度的决定

（1998 年 12 月 14 日　国发〔1998〕44 号）

各省、自治区、直辖市人民政府，国务院各部委、各直属机构：

加快医疗保险制度改革，保障职工基本医疗，是建立社会主义市场经济体制的客观要求和重要保障。在认真总结近年来各地医疗保险制度改革试点经验的基础上，国务院决定，在全国范围内进行城镇职工医疗保险制度改革。

一、改革的任务和原则

医疗保险制度改革的主要任务是建立城镇职工基本医疗保险制度，即适应社会主义市场经济体制，根据财政、企业和个人的承受能力，建立保障职工基本医疗需求的社会医疗保险制度。

建立城镇职工基本医疗保险制度的原则是：基本医疗保险的水平要与社会主义初级阶段生产力发展水平相适应；城镇所有用人单位及其职工都要参加基本医疗保险，实行属地管理；基本医疗保险费由用人单位和职工双方共同负担；基本医疗保险基金实行社会统筹和个人账户相结合。

二、覆盖范围和缴费办法

城镇所有用人单位，包括企业（国有企业、集体企业、外商投资企业、私营企业等)、机关、事业单位、社会团体、民办非企业单位及其职工，都要参加基本医疗保险。乡镇企业及其职工、城镇个体经济组织业主及其从业人员是否参加基本医疗保险，由各省、自治区、直辖市人民政府决定。

基本医疗保险原则上以地级以上行政区（包括地、市、州、盟）为统筹单位，也可以县（市）为统筹单位，北京、天津、上海 3 个直辖市原则上在全市范围内实行统筹（以下简称统筹地区)。所有用人单位及其职工都要按照属地管理原则参加所在统筹地区的基本医疗保险，执行统一政策，实行基本医疗保险基金的统一筹集、使用和管理。铁路、电力、远洋运输等跨地区、生产流动性较大的企业及其职工，可以相对集中的方式异地参加统筹地区的基本医疗保险。

基本医疗保险费由用人单位和职工共同缴纳。用人单位缴费率应控制在职工工资总额的 6%左右，职工缴费率一般为本人工资收入的 2%。随着经济发展，用人单位和职工缴费率可作相应调整。

三、建立基本医疗保险统筹基金和个人账户

要建立基本医疗保险统筹基金和个人账户。基本医疗保险基金由统筹基金和个人账户构成。职工个人缴纳的基本医疗保险费，全部计入个人账户。用人单位缴纳的基本医疗保险费分为两部分，一部分用于建立统筹基金，一部分划入个人账户。划入个人账户的比例一般为用人单位缴费的 30%左右，具体比例由统筹地区根据个人账户的支付范围和职工年龄等因素确定。

统筹基金和个人账户要划定各自的支付范围，分别核算，不得互相挤占。要确定统筹基金的起付标准和最高支付限额，起付标准原则上控制在当地职工年平均工资的 10%左右，最高支付限额原则上控制在当地职工年平均工资的4倍左右。起付标准以下的医疗费用，从个人账户中支付或由个人自付。起付标准以上、最高支付限额以下的医疗费用，主要从统筹基金中支付，个人也要负担一定比例。超过最高支付限额的医疗费用，可以通过商业医疗保险等途径解决。统筹基金的具体起付标准、最高支付限额以及在起付标准以上和最高支付限额以下医疗费用的个人负担比例，由统筹地区根据以收定支、收支平衡的原则确定。

四、健全基本医疗保险基金的管理和监督机制

基本医疗保险基金纳入财政专户管理，专款专用，不得挤占挪用。

社会保险经办机构负责基本医疗保险基金的筹集、管理和支付，并要建立健全预决算制度、财务会计制度和内部审计制度。社会保险经办机构的事业经费不得从基金中提取，由各级财政预算解决。

基本医疗保险基金的银行计息办法：当年筹集的部分，按活期存款利率计息；上年结转的基金本息，按3个月期整存整取银行存款利率计息；存入社会保障财政专户的沉淀资金，比照3年期零存整取储蓄存款利率计息，并不低于该档次利率水平。个人账户的本金和利息归个人所有，可以结转使用和继承。

各级劳动保障和财政部门，要加强对基本医疗保险基金的监督管理。审计部门要定期对社会保险经办机构的基金收支情况和管理情况进行审计。统筹地区应设立由政府有关部门代表、用人单位代表、医疗机构代表、工会代表和有关专家参加的医疗保险基金监督组织，加强对基本医疗保险基金的社会监督。

五、加强医疗服务管理

要确定基本医疗保险的服务范围和标准。劳动保障部会同卫生部、财政部等有关部门制定基本医疗服务的范围、标准和医药费用结算办法，制定国家基本医疗保险药品目录、诊疗项目、医疗服务设施标准及相应的管理办法。各省、自治区、直辖市劳动保障行政管理部门根据国家规定，会同有关部门制定本地区相应的实施标准和办法。

基本医疗保险实行定点医疗机构（包括中医医院）和定点药店管理。劳动保障部会同卫生部、财政部等有关部门制定定点医疗机构和定点药店的资格审定办法。社会保险经办机构要根据中西医并举，基层、专科和综合医疗机构兼顾，方便职工就医的原则，负责确定定点医疗机构和定点药店，并同定点医疗机构和定点药店签订合同，明确各自的责任、权利和义务。在确定定点医疗机构和定点药店时，要引进竞争机制，职工可选择若干定点医疗机构就医、购药，也可持处方在若干定点药店购药。国家药品监督管理局会同有关部门制定定点药店购药药事事故处理办法。

各地要认真贯彻《中共中央　国务院关于卫生改革与发展的决定》精神，积极推进医药卫生体制改革，以较少的经费投入，使人民群众得到良好的医疗服务，促进医药卫生事业的健康发展。要建立医药分开核算、分别管理的制度，形成医疗服务和药品流通的竞争机制，合理控制医药费用水平；要加强医疗机构和药店的内部管理，规范医药服务行为，减员增效，降低医药成本；要理顺医疗服务价格，在实行医药分开核算、分别管理，降低药品收入占医疗总收入比重的基础上，合理提高医疗技术劳务价格；要加强业务技术培训和职业道德教育，提高医药服务人员的素质和服务质量；要合理调整医疗机构布局，优化医疗卫生资源配置，积极发展社区卫生服务，将社区卫生服务中的基本医疗服务项目纳入基本医疗保险范围。卫生部会同有关部门制定医疗机构改革方案和发展社区卫生服务的有关政策。国家经贸委等部门要认真配合做好药品流通体制改革工作。

六、妥善解决有关人员的医疗待遇

离休人员、老红军的医疗待遇不变，医疗费用按原资金渠道解决，支付确有困难的，由同级人民政府帮助解决。离休人员、老红军的医疗管理办法由省、自治区、直辖市人民政府制定。

二等乙级以上革命伤残军人的医疗待遇不变，医疗费用按原资金渠道解决，由社会保险经办机构单独列账管理。医疗费支付不足部分，由当地人民政府帮助解决。

退休人员参加基本医疗保险，个人不缴纳基本医疗保险费。对退休人员个人账户的计入金额和个人负担医疗费的比例给予适当照顾。

国家公务员在参加基本医疗保险的基础上，享受医疗补助政策。具体办法另行制定。

为了不降低一些特定行业职工现有的医疗消费水平，在参加基本医疗保险的基础上，作为过渡措施，允许建立企业补充医疗保险。企业补充医疗保险费在工资总额4%以内的部分，从职工福利费中列支，福利费不足列支的部分，经同级财政部门核准后列入成本。

国有企业下岗职工的基本医疗保险费，包括单位缴费和个人缴费，均由再就业服务中心按照当地上年度职工平均工资的60%为基数缴纳。

七、加强组织领导

医疗保险制度改革政策性强，涉及广大职工的切身利益，关系到国民经济发展和社会稳定。各级人民政府要切实加强领导，统一思想，提高认识，做好宣传工作和政治思想工作，使广大职工和社会各方面都积极支持和参与这项改革。各地要按照建立城镇职工基本医疗保险制度的任务、原则和要求，结合本地实际，精心组织实施，保证新旧制度的平稳过渡。

建立城镇职工基本医疗保险制度工作从1999年初开始启动，1999年底基本完成。各省、自治区、直辖市人民政府要按照本决定的要求，制定医疗保险制度改革的总体规划，报劳动保障部备案。统筹地区要根据规划要求，制定基本医疗保险实施方案，报省、自治区、直辖市人民政府审批后执行。

劳动保障部要加强对建立城镇职工基本医疗保险制度工作的指导和检查，及时研究解决工作中出现的问题。财政、卫生、药品监督管理等有关部门要积极参与，密切配合，共同努力，确保城镇职工基本医疗保险制度改革工作的顺利进行。

国务院关于整合城乡居民基本医疗保险制度的意见

（2016年1月3日　国发〔2016〕3号）

各省、自治区、直辖市人民政府，国务院各部委、各直属机构：

整合城镇居民基本医疗保险（以下简称城镇居民医保）和新型农村合作医疗（以下简称新农合）两项制度，建立统一的城乡居民基本医疗保险（以下简称城乡居民医保）制度，是推进医药卫生体制改革、实现城乡居民公平享有基本医疗保险权益、促进社会公平正义、增进人民福祉的重大举措，对促进城乡经济社会协调发展、全面建成小康社会具有重要意义。在总结城镇居民医保和新农合运行情况以及地方探索实践经验的基础上，现就整合建立城乡居民医保制度提出如下意见。

一、总体要求与基本原则

（一）总体要求。

以邓小平理论、“三个代表”重要思想、科学发展观为指导，认真贯彻党的十八大和十八届二中、三中、四中、五中全会及习近平总书记系列重要讲话精神，落实党中央、国务院关于深化医药卫生体制改革的要求，按照全覆盖、保基本、多层次、可持续的方针，加强统筹协调与顶层设计，遵循先易后难、循序渐进的原则，从完善政策入手，推进城镇居民医保和新农合制度整合，逐步在全国范围内建立起统一的城乡居民医保制度，推动保障更加公平、管理服务更加规范、医疗资源利用更加有效，促进全民医保体系持续健康发展。

（二）基本原则。

1. 统筹规划、协调发展。要把城乡居民医保制度整合纳入全民医保体系发展和深化医改全局，统筹安排，合理规划，突出医保、医疗、医药三医联动，加强基本医保、大病保险、医疗救助、疾病应急救助、商业健康保险等衔接，强化制度的系统性、整体性、协同性。

2. 立足基本、保障公平。要准确定位，科学设计，立足经济社会发展水平、城乡居民负担和基金承受能力，充分考虑并逐步缩小城乡差距、地区差异，保障城乡居民公平享有基本医保待遇，实现城乡居民医保制度可持续发展。

3. 因地制宜、有序推进。要结合实际，全面分析研判，周密制定实施方案，加强整合前后的衔接，确保工作顺畅接续、有序过渡，确保群众基本医保待遇不受影响，确保医保基金安全和制度运行平稳。

4. 创新机制、提升效能。要坚持管办分开，落实政府责任，完善管理运行机制，深入推进支付方式改革，提升医保资金使用效率和经办管理服务效能。充分发挥市场机制作用，调动社会力量参与基本医保经办服务。

二、整合基本制度政策

（一）统一覆盖范围。

城乡居民医保制度覆盖范围包括现有城镇居民医保和新农合所有应参保（合）人员，即覆盖除职工基本医疗保险应参保人员以外的其他所有城乡居民。农民工和灵活就业人员依法参加职工基本医疗保险，有困难的可按照当地规定参加城乡居民医保。各地要完善参保方式，促进应保尽保，避免重复参保。

（二）统一筹资政策。

坚持多渠道筹资，继续实行个人缴费与政府补助相结合为主的筹资方式，鼓励集体、单位或其他社会经济组织给予扶持或资助。各地要统筹考虑城乡居民医保与大病保险保障需求，按照基金收支平衡的原则，合理确定城乡统一的筹资标准。现有城镇居民医保和新农合个人缴费标准差距较大的地区，可采取差别缴费的办法，利用2~3年时间逐步过渡。整合后的实际人均筹资和个人缴费不得低于现有水平。

完善筹资动态调整机制。在精算平衡的基础上，逐步建立与经济社会发展水平、各方承受能力相适应的稳定筹资机制。逐步建立个人缴费标准与城乡居民人均可支配收入相衔接的机制。合理划分政府与个人的筹资责任，在提高政府补助标准的同时，适当提高个人缴费比重。

（三）统一保障待遇。

遵循保障适度、收支平衡的原则，均衡城乡保障待遇，逐步统一保障范围和支付标准，为参保人员提供公平的基本医疗保障。妥善处理整合前的特殊保障政策，做好过渡与衔接。

城乡居民医保基金主要用于支付参保人员发生的住院和门诊医药费用。稳定住院保障水平，政策范围内住院费用支付比例保持在75%左右。进一步完善门诊统筹，逐步提高门诊保障水平。逐步缩小政策范围内支付比例与实际支付比例间的差距。

（四）统一医保目录。

统一城乡居民医保药品目录和医疗服务项目目录，明确药品和医疗服务支付范围。各省（区、市）要按照国家基本医保用药管理和基本药物制度有关规定，遵循临床必需、安全有效、价格合理、技术适宜、基金可承受的原则，在现有城镇居民医保和新农合目录的基础上，适当考虑参保人员需求变化进行调整，有增有减、有控有扩，做到种类基本齐全、结构总体合理。完善医保目录管理办法，实行分级管理、动态调整。

（五）统一定点管理。

统一城乡居民医保定点机构管理办法，强化定点服务协议管理，建立健全考核评价机制和动态的准入退出机制。对非公立医疗机构与公立医疗机构实行同等的定点管理政策。原则上由统筹地区管理机构负责定点机构的准入、退出和监管，省级管理机构负责制定定点机构的准入原则和管理办法，并重点加强对统筹区域外的省、市级定点医疗机构的指导与监督。

（六）统一基金管理。

城乡居民医保执行国家统一的基金财务制度、会计制度和基金预决算管理制度。城乡居民医保基金纳入财政专户，实行“收支两条线”管理。基金独立核算、专户管理，任何单位和个人不得挤占挪用。

结合基金预算管理全面推进付费总额控制。基金使用遵循以收定支、收支平衡、略有结余的原则，确保应支付费用及时足额拨付，合理控制基金当年结余率和累计结余率。建立健全基金运行风险预警机制，防范基金风险，提高使用效率。

强化基金内部审计和外部监督，坚持基金收支运行情况信息公开和参保人员就医结算信息公示制度，加强社会监督、民主监督和舆论监督。

三、理顺管理体制

（一）整合经办机构。

鼓励有条件的地区理顺医保管理体制，统一基本医保行政管理职能。充分利用现有城镇居民医保、新农合经办资源，整合城乡居民医保经办机构、人员和信息系统，规范经办流程，提供一体化的经办服务。完善经办机构内外部监督制约机制，加强培训和绩效考核。

（二）创新经办管理。

完善管理运行机制，改进服务手段和管理办法，优化经办流程，提高管理效率和服务水平。鼓励有条件的地区创新经办服务模式，推进管办分开，引入竞争机制，在确保基金安全和有效监管的前提下，以政府购买服务的方式委托具有资质的商业保险机构等社会力量参与基本医保的经办服务，激发经办活力。

四、提升服务效能

（一）提高统筹层次。

城乡居民医保制度原则上实行市（地）级统筹，各地要围绕统一待遇政策、基金管理、信息系统和就医结算等重点，稳步推进市（地）级统筹。做好医保关系转移接续和异地就医结算服务。根据统筹地区内各县（市、区）的经济发展和医疗服务水平，加强基金的分级管理，充分调动县级政府、经办管理机构基金管理的积极性和主动性。鼓励有条件的地区实行省级统筹。

（二）完善信息系统。

整合现有信息系统，支撑城乡居民医保制度运行和功能拓展。推动城乡居民医保信息系统与定点机构信息系统、医疗救助信息系统的业务协同和信息共享，做好城乡居民医保信息系统与参与经办服务的商业保险机构信息系统必要的信息交换和数据共享。强化信息安全和患者信息隐私保护。

（三）完善支付方式。

系统推进按人头付费、按病种付费、按床日付费、总额预付等多种付费方式相结合的复合支付方式改革，建立健全医保经办机构与医疗机构及药品供应商的谈判协商机制和风险分担机制，推动形成合理的医保支付标准，引导定点医疗机构规范服务行为，控制医疗费用不合理增长。

通过支持参保居民与基层医疗机构及全科医师开展签约服务、制定差别化的支付政策等措施，推进分级诊疗制度建设，逐步形成基层首诊、双向转诊、急慢分治、上下联动的就医新秩序。

（四）加强医疗服务监管。

完善城乡居民医保服务监管办法，充分运用协议管理，强化对医疗服务的监控作用。各级医保经办机构要利用信息化手段，推进医保智能审核和实时监控，促进合理诊疗、合理用药。卫生计生行政部门要加强医疗服务监管，规范医疗服务行为。

五、精心组织实施，确保整合工作平稳推进

（一）加强组织领导。

整合城乡居民医保制度是深化医改的一项重点任务，关系城乡居民切身利益，涉及面广、政策性强。各地各有关部门要按照全面深化改革的战略布局要求，充分认识这项工作的重要意义，加强领导，精心组织，确保整合工作平稳有序推进。各省级医改领导小组要加强统筹协调，及时研究解决整合过程中的问题。

（二）明确工作进度和责任分工。

各省（区、市）要于2016年6月底前对整合城乡居民医保工作作出规划和部署，明确时间表、路线图，健全工作推进和考核评价机制，严格落实责任制，确保各项政策措施落实到位。各统筹地区要于2016年12月底前出台具体实施方案。综合医改试点省要将整合城乡居民医保作为重点改革内容，加强与医改其他工作的统筹协调，加快推进。

各地人力资源社会保障、卫生计生部门要完善相关政策措施，加强城乡居民医保制度整合前后的衔接；财政部门要完善基金财务会计制度，会同相关部门做好基金监管工作；保险监管部门要加强对参与经办服务的商业保险机构的从业资格审查、服务质量和市场行为监管；发展改革部门要将城乡居民医保制度整合纳入国民经济和社会发展规划；编制管理部门要在经办资源和管理体制整合工作中发挥职能作用；医改办要协调相关部门做好跟踪评价、经验总结和推广工作。

（三）做好宣传工作。

要加强正面宣传和舆论引导，及时准确解读政策，宣传各地经验亮点，妥善回应公众关切，合理引导社会预期，努力营造城乡居民医保制度整合的良好氛围。

国务院办公厅转发卫生部等部门关于建立新型农村合作医疗制度意见的通知

（2003 年 1 月 16 日　国办发〔2003〕3 号）

各省、自治区、直辖市人民政府，国务院各部委、各直属机构：

卫生部、财政部、农业部《关于建立新型农村合作医疗制度的意见》已经国务院同意，现转发给你们，请认真贯彻执行。

关于建立新型农村合作医疗制度的意见

建立新型农村合作医疗制度是新时期农村卫生工作的重要内容，是实践“三个代表”重要思想的具体体现，对提高农民健康水平，促进农村经济发展，维护社会稳定具有重大意义。根据《中共中央　国务院关于进一步加强农村卫生工作的决定》，提出以下意见。

一、目标和原则

新型农村合作医疗制度是由政府组织、引导、支持，农民自愿参加，个人、集体和政府多方筹资，以大病统筹为主的农民医疗互助共济制度。从 2003 年起，各省、自治区、直辖市至少要选择 2~3 个县（市）先行试点，取得经验后逐步推开。到 2010 年，实现在全国建立基本覆盖农村居民的新型农村合作医疗制度的目标，减轻农民因疾病带来的经济负担，提高农民健康水平。

建立新型农村合作医疗制度要遵循以下原则：

（一）自愿参加，多方筹资。农民以家庭为单位自愿参加新型农村合作医疗，遵守有关规章制度，按时足额缴纳合作医疗经费；乡（镇）、村集体要给予资金扶持；中央和地方各级财政每年要安排一定专项资金予以支持。

（二）以收定支，保障适度。新型农村合作医疗制度要坚持以收定支、收支平衡的原则，既保证这项制度持续有效运行，又使农民能够享有最基本的医疗服务。

（三）先行试点，逐步推广。建立新型农村合作医疗制度必须从实际出发，通过试点总结经验，不断完善，稳步发展。要随着农村社会经济的发展和农民收入的增加，逐步提高新型农村合作医疗制度的社会化程度和抗风险能力。

二、组织管理

（一）新型农村合作医疗制度一般采取以县（市）为单位进行统筹。条件不具备的地方，在起步阶段也可采取以乡（镇）为单位进行统筹，逐步向县（市）统筹过渡。

（二）要按照精简、效能的原则，建立新型农村合作医疗制度管理体制。省、地级人民政府成立由卫生、财政、农业、民政、审计、扶贫等部门组成的农村合作医疗协调小组。各级卫生行政部门内部应设立专门的农村合作医疗管理机构，原则上不增加编制。

县级人民政府成立由有关部门和参加合作医疗的农民代表组成的农村合作医疗管理委员会，负责有关组织、协调、管理和指导工作。委员会下设经办机构，负责具体业务工作，人员由县级人民政府调剂解决。根据需要在乡（镇）可设立派出机构（人员）或委托有关机构管理。经办机构的人员和工作经费列入同级财政预算，不得从农村合作医疗基金中提取。

三、筹资标准

新型农村合作医疗制度实行个人缴费、集体扶持和政府资助相结合的筹资机制。

（一）农民个人每年的缴费标准不应低于10元，经济条件好的地区可相应提高缴费标准。乡镇企业职工（不含以农民家庭为单位参加新型农村合作医疗的人员）是否参加新型农村合作医疗由县级人民政府确定。

（二）有条件的乡村集体经济组织应对本地新型农村合作医疗制度给予适当扶持。扶持新型农村合作医疗的乡村集体经济组织类型、出资标准由县级人民政府确定，但集体出资部分不得向农民摊派。鼓励社会团体和个人资助新型农村合作医疗制度。

（三）地方财政每年对参加新型农村合作医疗农民的资助不低于人均10元，具体补助标准和分级负担比例由省级人民政府确定。经济较发达的东部地区，地方各级财政可适当增加投入。从2003年起，中央财政每年通过专项转移支付对中西部地区除市区以外的参加新型农村合作医疗的农民按人均10元安排补助资金。

四、资金管理

农村合作医疗基金是由农民自愿缴纳、集体扶持、政府资助的民办公助社会性资金，要按照以收定支、收支平衡和公开、公平、公正的原则进行管理，必须专款专用，专户储存，不得挤占挪用。

（一）农村合作医疗基金由农村合作医疗管理委员会及其经办机构进行管理。农村合作医疗经办机构应在管理委员会认定的国有商业银行设立农村合作医疗基金专用账户，确保基金的安全和完整，并建立健全农村合作医疗基金管理的规章制度，按照规定合理筹集、及时审核支付农村合作医疗基金。

（二）农村合作医疗基金中农民个人缴费及乡村集体经济组织的扶持资金，原则上按年由农村合作医疗经办机构在乡（镇）设立的派出机构（人员）或委托有关机构收缴，存入农村合作医疗基金专用账户；地方财政支持资金，由地方各级财政部门根据参加新型农村合作医疗的实际人数，划拨到农村合作医疗基金专用账户；中央财政补助中西部地区新型农村合作医疗的专项资金，由财政部根据各地区参加新型农村合作医疗的实际人数和资金到位等情况核定，向省级财政划拨。中央和地方各级财政要确保补助资金及时、全额拨付到农村合作医疗基金专用账户，并通过新型农村合作医疗试点逐步完善补助资金的划拨办法，尽可能简化程序，易于操作。要结合财政国库管理制度改革和完善情况，逐步实现财政直接支付。关于新型农村合作医疗资金具体补助办法，由财政部商有关部门研究制定。

（三）农村合作医疗基金主要补助参加新型农村合作医疗农民的大额医疗费用或住院医疗费用。有条件的地方，可实行大额医疗费用补助与小额医疗费用补助结合的办法，既提高抗风险能力又兼顾农民受益面。对参加新型农村合作医疗的农民，年内没有动用农村合作医疗基金的，要安排进行一次常规性体检。各省、自治区、直辖市要制订农村合作医疗报销基本药物目录。各县（市）要根据筹资总额，结合当地实际，科学合理地确定农村合作医疗基金的支付范围、支付标准和额度，确定常规性体检的具体检查项目和方式，防止农村合作医疗基金超支或过多结余。

（四）加强对农村合作医疗基金的监管。农村合作医疗经办机构要定期向农村合作医疗管理委员会汇报农村合作医疗基金的收支、使用情况；要采取张榜公布等措施，定期向社会公布农村合作医疗基金的具体收支、使用情况，保证参加合作医疗农民的参与、知情和监督的权利。县级人民政府可根据本地实际，成立由相关政府部门和参加合作医疗的农民代表共同组成的农村合作医疗监督委员会，定期检查、监督农村合作医疗基金使用和管理情况。农村合作医疗管理委员会要定期向监督委员会和同级人民代表大会汇报工作，主动接受监督。审计部门要定期对农村合作医疗基金收支和管理情况进行审计。

五、医疗服务管理

加强农村卫生服务网络建设，强化对农村医疗卫生机构的行业管理，积极推进农村医疗卫生体制改革，不断提高医疗卫生服务能力和水平，使农民得到较好的医疗服务。各地区要根据情况，在农村卫生机构中择优选择农村合作医疗的服务机构，并加强监管力度，实行动态管理。要完善并落实各种诊疗规范和管理制度，保证服务质量，提高服务效率，控制医疗费用。

六、组织实施

（一）省级人民政府要制订新型农村合作医疗制度的管理办法，本着农民参保积极性较高，财政承受能力较强，管理基础较好的原则选择试点县（市），积极、稳妥地开展新型农村合作医疗试点工作。试点工作的重点是探索新型农村合作医疗管理体制、筹资机制和运行机制。县级人民政府要制定具体方案，各级相关部门在同级人民政府统一领导下组织实施。

（二）要切实加强对新型农村合作医疗的宣传教育，采取多种形式向农民宣传新型农村合作医疗的重要意义和当地的具体做法，引导农民不断增强自我保健和互助共济意识，动员广大农民自愿、积极参加新型农村合作医疗。农民参加合作医疗所履行的缴费义务，不能视为增加农民负担。

建立新型农村合作医疗制度是帮助农民抵御重大疾病风险的有效途径，是推进农村卫生改革与发展的重要举措，政策性强，任务艰巨。各地区、各有关部门要高度重视，加强领导，落实政策措施，抓好试点，总结经验，积极稳妥地做好这项工作。

国务院办公厅关于建立健全基层医疗卫生机构补偿机制的意见

（2010 年 12 月 10 日　国办发〔2010〕62 号）

各省、自治区、直辖市人民政府，国务院各部委、各直属机构：

为确保国家基本药物制度顺利实施，保证基层医疗卫生机构平稳运行和发展，调动基层医疗卫生机构和医务人员积极性，经国务院同意，现就建立健全基层医疗卫生机构补偿机制，提出以下意见：

一、总体要求

在基层医疗卫生机构实施基本药物制度，要按照保障机构有效运行和健康发展、保障医务人员合理待遇的原则同步落实补偿政策，建立稳定的补偿渠道和补偿方式；同时坚持以投入换机制，大力推进基层医疗卫生机构综合改革，引导基层医疗卫生机构主动转变运行机制，提高服务质量和效率，发挥好承担基本公共卫生服务和诊疗常见病、多发病的功能。

二、建立健全稳定长效的多渠道补偿机制

实施基本药物制度后，政府举办的乡镇卫生院、城市社区卫生服务机构的人员支出和业务支出等运行成本通过服务收费和政府补助补偿。基本医疗服务主要通过医疗保障付费和个人付费补偿；基本公共卫生服务通过政府建立的城乡基本公共卫生服务经费保障机制补偿；经常性收支差额由政府按照“核定任务、核定收支、绩效考核补助”的办法补助。各地要按照核定的编制人员数和服务工作量，参照当地事业单位工作人员平均工资水平核定工资总额。政府负责其举办的乡镇卫生院、城市社区卫生服务机构按国家规定核定的基本建设经费、设备购置经费、人员经费和其承担公共卫生服务的业务经费。按扣除政府补助后的服务成本制定医疗服务价格，体现医疗服务合理成本和技术劳务价值，并逐步调整到位。按上述原则补偿后出现的经常性收支差额由政府进行绩效考核后予以补助。

（一）落实政府对基层医疗卫生机构的专项补助经费。政府举办的基层医疗卫生机构基本建设和设备购置等发展建设支出，由政府根据基层医疗卫生机构发展建设规划足额安排。

落实基本公共卫生服务经费。2010 年，各级政府要按照不低于人均 15 元的标准落实基本公共卫生服务经费；2011 年起，进一步提高人均经费标准，建立稳定的基本公共卫生服务经费保障机制。卫生、财政部门要健全绩效考核机制，根据服务数量和质量等绩效将基本公共卫生服务经费及时足额拨付到基层医疗卫生机构。

基层医疗卫生机构承担的突发公共卫生事件处置任务由政府按照服务成本核定补助。

基层医疗卫生机构人员经费（包括离退休人员经费）、人员培训和人员招聘所需支出，由财政部门根据政府卫生投入政策、相关人才培养规划和人员招聘规划合理安排补助。

（二）调整基层医疗卫生机构收费项目、收费标准和医保支付政策。调整基层医疗卫生机构收费项目，将现有的挂号费、诊查费、注射费（含静脉输液费，不含药品费）以及药事服务成本合并为一般诊疗费，不再单设药事服务费，合并项目内容由国家价格主管部门会同卫生、人力资源社会保障等有关部门具体规定。一般诊疗费的收费标准可在原来分项收费标准总和的基础上适当调整，并在不增加群众现有个人负担的前提下，合理确定医保支付比例。具体收费标准（全国平均数为 10 元左右）和医保支付政策由各省（区、市）价格主管、卫生、人力资源社会保障和财政等有关部门综合考虑本地区基层医疗卫生机构实施基本药物制度、服务能力利用率、医务人员劳务成本、医保承受能力等因素制定。调整医疗服务收费及医保支付政策可在已实施基本药物制度及已开展基本医保门诊统筹的基层医疗卫生机构先行执行。基层医疗卫生机构其他服务仍按现有项目和标准收费。对已合并到一般诊疗费里的原收费项目，不得再另行收费或变相收费。卫生、人力资源社会保障、价格等相关部门要制定具体监管措施，防止基层医疗卫生机构重复收费、分解处方多收费。

（三）落实对基层医疗卫生机构经常性收支差额的补助。落实政府专项补助和调整医疗服务收费后，基层医疗卫生机构的经常性收入仍不足以弥补经常性支出的差额部分，由政府在年度预算中足额安排，实行先预拨后结算，并建立起稳定的补助渠道和长效补助机制。各地要根据政府卫生投入政策，结合本地实际制定经常性收支核定和差额补助的具体办法。基层医疗卫生机构的收支结余要按规定留用或上缴。具备条件的地区可以实行收支两条线，基本医疗服务等收入全额上缴，开展基本医疗和公共卫生服务所需的经常性支出由政府核定并全额安排。

三、大力推进基层医疗卫生机构综合改革

（一）明确基层医疗卫生机构的功能定位。基层医疗卫生机构主要提供基本公共卫生服务和基本医疗服务，其诊疗科目、床位数量、科室设置、人员配备、基础设施建设和设备配备要与其功能定位相适应。卫生部要尽快制定指导意见，明确基层医疗卫生机构的功能和服务范围。对服务能力已经超出基本医疗服务和公共卫生服务的基层医疗卫生机构，特别是一些服务人口较多、服务能力已经达到二级医院标准的乡镇卫生院，可将其转为公立医院，或将其超出功能定位的资源整合到县级医院；也可以对其承担的基本医疗服务和公共卫生服务采取购买服务的方式进行补偿。鼓励基层医疗卫生机构提供中医药等适宜技术和服务。

（二）完善基层医疗卫生机构人事分配制度。要加强基层医疗卫生机构人员编制管理，尽快完成人员编制标准的核定工作。各地区可以县（市、区）为单位核定基层医疗卫生机构的总编制，由县级机构编制部门会同卫生行政部门结合实际工作量统筹安排、动态调整各基层医疗卫生机构的人员编制。要在核定编制的基础上，指导基层医疗卫生机构实行以科学设岗、竞聘上岗、以岗定薪、合同管理为主要内容的聘用制度和岗位管理制度。要研究制定相关政策，妥善安置未聘人员，相关费用由地方政府按国家有关规定统筹研究解决。同时，要将实施基本药物制度的基层医疗卫生机构的绩效工资制度同步落实到位。

（三）充分发挥医保对基层医疗卫生机构综合改革的促进作用。依托城乡基层医疗卫生机构，加快推进基本医保门诊统筹，将一般诊疗费纳入支付范围，并逐步提高参保人员在基层医疗卫生机构就诊费用的报销比例，进一步引导群众到基层医疗卫生机构看病就医。推进医保付费方式改革，探索按人头付费、按病种付费、总额预付等付费方式，引导基层医疗卫生机构主动积极地开展服务，努力提高服务质量，合理控制服务成本。

（四）建立基层医疗卫生机构考核和激励机制。各省（区、市）要制定基层医疗卫生机构绩效考核办法，根据管理绩效、基本医疗和公共卫生服务的数量和质量、服务对象满意度、居民健康状况改善等指标对基层医疗卫生机构进行综合量化考核，并将考核结果与资金安排和拨付挂钩。对绩效考核差的可扣减资金安排，对绩效考核好的可给予适当奖励。要督促、指导基层医疗卫生机构加强内部管理，强化收支管理，严格成本核算和控制。

（五）充分调动医务人员积极性。实施基本药物制度后，要保障基层医务人员合理收入水平不降低。要指导基层医疗卫生机构坚持多劳多得、优绩优酬，重点向关键岗位、业务骨干和做出突出贡献的工作人员倾斜，适当拉开收入差距；建立以岗位责任和绩效为基础、以服务数量和质量以及服务对象满意度为核心的考核和激励制度，并将考核结果与实施绩效工资制度、人员竞聘上岗紧密结合。各地制定人员分流、竞聘上岗等相关政策时要充分听取基层医疗卫生机构工作人员的意见。要向基层医务人员提供更多的培养培训机会，对长期在基层工作的卫生技术人员在职称晋升、待遇政策等方面给予适当倾斜，及时帮助解决实际困难。要加强政策宣传，使广大医务人员理解、支持和积极参与基层医疗卫生机构改革。

四、多渠道加大对乡村医生的补助力度

对村卫生室主要通过政府购买服务的方式进行合理补助。卫生部门要在核定村卫生室承担公共卫生服务项目和服务人口数量的能力的基础上，安排一定比例的基本公共卫生服务工作量由村卫生室承担，并落实相应经费。各地在推进医保门诊统筹等工作中，可以将符合条件的村卫生室的门诊服务纳入新农合报销范围。开展新型农村社会养老保险试点的地区要积极将符合条件的乡村医生纳入保险范围。鼓励各地在房屋建设、设备购置以及人员培训等方面对村卫生室给予一定扶持，并采取多种形式对乡村医生进行补助。有条件的地方可以将实行乡村一体化的村卫生室纳入基本药物制度实施范围并落实补偿政策。

对非政府举办的基层医疗卫生机构，各地要通过政府购买服务等方式对其承担的公共卫生服务给予合理补助，并将其中符合条件的机构纳入医保定点范围，执行与政府办基层医疗卫生机构相同的医保支付和报销政策。

五、建立健全基层医疗卫生机构补偿机制的工作要求

（一）加强组织领导。各地区、各有关部门要把建立健全基层医疗卫生机构补偿机制作为实施基本药物制度和基层医疗卫生机构综合改革的关键环节抓紧落实，将政府补助资金纳入财政预算和基建支出计划足额安排，及时调整医疗服务收费项目和医保支付政策，尽快建立起稳定、长效、合理的基层医疗卫生机构补偿机制。各省（区、市）要在本意见印发后30个工作日内制定本地区基层医疗卫生机构补偿具体办法，并报国务院深化医药卫生体制改革领导小组办公室、财政部、卫生部、人力资源社会保障部备案。

（二）落实补偿责任。省级人民政府要对建立基层医疗卫生机构补偿机制、保障基层医疗卫生机构正常运行和医务人员合理待遇水平负总责。各省（区、市）要统筹考虑地方各级财政和各项医保基金承受能力，合理确定医疗服务收费项目和标准，明确地方各级财政分担比例和具体办法，加大对贫困地区的补助力度。市、县级人民政府要在预算中足额安排并及时拨付应由本级财政负担的补助资金，认真落实调整后的医疗服务收费和医保政策。中央财政要通过“以奖代补”等方式进行补助，支持各地实施基本药物制度。各级财政可采取先预拨后结算的方式及时下达补助资金，保障基本药物制度按计划进度顺利实施。

（三）强化督促指导。国务院深化医药卫生体制改革领导小组办公室要会同财政、卫生、人力资源社会保障等部门加强对各地工作的检查指导，定期进行考核，及时总结经验，不断完善政策。各省（区、市）要及时将贯彻落实本意见的情况报送国务院深化医药卫生体制改革领导小组办公室。

国务院办公厅转发民政部等部门关于进一步完善医疗救助制度全面开展重特大疾病医疗救助工作意见的通知

（2015 年 4 月 21 日　国办发〔2015〕30 号）

各省、自治区、直辖市人民政府，国务院各部委、各直属机构：

民政部、财政部、人力资源社会保障部、卫生计生委、保监会《关于进一步完善医疗救助制度全面开展重特大疾病医疗救助工作的意见》已经国务院同意，现转发给你们，请认真贯彻执行。

关于进一步完善医疗救助制度全面开展重特大疾病医疗救助工作的意见

为全面落实《社会救助暂行办法》有关规定，编密织牢保障基本民生安全网，根据国务院决策部署和有关工作安排，现就进一步完善医疗救助制度、全面开展重特大疾病医疗救助工作提出以下意见：

一、总体要求

（一）指导思想。

深入贯彻党的十八大和十八届二中、三中、四中全会精神，以健全社会救助体系、保障困难群众基本医疗权益为目标，进一步健全工作机制，完善政策措施，强化规范管理，加强统筹衔接，不断提高医疗救助管理服务水平，最大限度减轻困难群众医疗支出负担。

（二）基本原则。

托住底线。按照救助对象医疗费用、家庭困难程度和负担能力等因素，科学合理制定救助方案，确保其获得必需的基本医疗卫生服务；救助水平与经济社会发展水平相适应。

统筹衔接。推进医疗救助制度城乡统筹发展，加强与基本医疗保险、城乡居民大病保险、疾病应急救助及各类补充医疗保险、商业保险等制度的有效衔接，形成制度合力。加强与慈善事业有序衔接，实现政府救助与社会力量参与的高效联动和良性互动。

公开公正。公开救助政策、工作程序、救助对象以及实施情况，主动接受群众和社会监督，确保过程公开透明、结果公平公正。

高效便捷。优化救助流程，简化结算程序，加快信息化建设，增强救助时效，发挥救急难功能，使困难群众及时得到有效救助。

（三）目标任务。

城市医疗救助制度和农村医疗救助制度于 2015 年底前合并实施，全面开展重特大疾病医疗救助工作，进一步细化实化政策措施，实现医疗救助制度科学规范、运行有效，与相关社会救助、医疗保障政策相配套，保障城乡居民基本医疗权益。

二、完善医疗救助制度

（一）整合城乡医疗救助制度。各地要在 2015 年底前，将城市医疗救助制度和农村医疗救助制度整合为城乡医疗救助制度。要按照《城乡医疗救助基金管理办法》（财社〔2013〕217号）的要求，合并原来在社会保障基金财政专户中分设的“城市医疗救助基金专账”和“农村医疗救助基金专账”，在政策目标、资金筹集、对象范围、救助标准、救助程序等方面加快推进城乡统筹，确保城乡困难群众获取医疗救助的权利公平、机会公平、规则公平、待遇公平。

（二）合理界定医疗救助对象。最低生活保障家庭成员和特困供养人员是医疗救助的重点救助对象。要逐步将低收入家庭的老年人、未成年人、重度残疾人和重病患者等困难群众（以下统称低收入救助对象），以及县级以上人民政府规定的其他特殊困难人员纳入救助范围。适当拓展重特大疾病医疗救助对象范围，积极探索对发生高额医疗费用、超过家庭承受能力、基本生活出现严重困难家庭中的重病患者（以下称因病致贫家庭重病患者）实施救助。在各类医疗救助对象中，要重点加大对重病、重残儿童的救助力度。

（三）资助参保参合。对重点救助对象参加城镇居民基本医疗保险或新型农村合作医疗的个人缴费部分进行补贴，特困供养人员给予全额资助，最低生活保障家庭成员给予定额资助，保障其获得基本医疗保险服务。具体资助办法由县级以上地方人民政府根据本地经济社会发展水平和医疗救助资金筹集情况等因素研究制定。

（四）规范门诊救助。门诊救助的重点是因患慢性病需要长期服药或者患重特大疾病需要长期门诊治疗，导致自负费用较高的医疗救助对象。卫生计生部门已经明确诊疗路径、能够通过门诊治疗的病种，可采取单病种付费等方式开展门诊救助。门诊救助的最高救助限额由县级以上地方人民政府根据当地救助对象需求和医疗救助资金筹集等情况研究确定。

（五）完善住院救助。重点救助对象在定点医疗机构发生的政策范围内住院费用中，对经基本医疗保险、城乡居民大病保险及各类补充医疗保险、商业保险报销后的个人负担费用，在年度救助限额内按不低于70%的比例给予救助。住院救助的年度最高救助限额由县级以上地方人民政府根据当地救助对象需求和医疗救助资金筹集等情况确定。定点医疗机构应当减免救助对象住院押金，及时给予救治；医疗救助经办机构要及时确认救助对象，并可向定点医疗机构提供一定额度的预付资金，方便救助对象看病就医。

三、全面开展重特大疾病医疗救助

（一）科学制定实施方案。各地要在评估、总结试点经验基础上，进一步完善实施方案，扩大政策覆盖地区，全面开展重特大疾病医疗救助工作。对重点救助对象和低收入救助对象经基本医疗保险、城乡居民大病保险及各类补充医疗保险、商业保险等报销后个人负担的合规医疗费用，直接予以救助；因病致贫家庭重病患者等其他救助对象负担的合规医疗费用，先由其个人支付，对超过家庭负担能力的部分予以救助。合规医疗费用主要参照当地基本医疗保险的有关规定确定，已经开展城乡居民大病保险的地区，也可以参照城乡居民大病保险的有关规定确定。

（二）合理确定救助标准。综合考虑患病家庭负担能力、个人自负费用、当地筹资情况等因素，分类分段设置重特大疾病医疗救助比例和最高救助限额。原则上重点救助对象的救助比例高于低收入救助对象，低收入救助对象高于其他救助对象；同一类救助对象，个人自负费用数额越大，救助比例越高。对重点救助对象应当全面取消救助门槛；对因病致贫家庭重病患者可设置起付线，对起付线以上的自负费用给予救助。

（三）明确就医用药范围。重特大疾病医疗救助的用药范围、诊疗项目等，原则上参照基本医疗保险和城乡居民大病保险的相关规定执行。对确需到上级医疗机构或跨县域异地医院就诊的医疗救助对象，应按规定履行转诊或备案手续。对已明确临床诊疗路径的重特大疾病病种，可采取按病种付费等方式给予救助。

（四）加强与相关医疗保障制度的衔接。民政、财政、人力资源社会保障、卫生计生、保险监管等部门要加强协作配合，共同做好重特大疾病医疗救助与基本医疗保险、城乡居民大病保险、疾病应急救助、商业保险的有效衔接，确保城乡居民大病保险覆盖所有贫困重特大疾病患者，帮助所有符合条件的困难群众获得保险补偿和医疗救助。加强重特大疾病医疗救助与疾病应急救助制度的高效联动，将救助关口前移，主动对符合条件的疾病应急救助对象进行救助。民政部门要会同有关部门以及城乡居民大病保险承办服务机构，进一步完善信息共享和业务协作机制，共同做好重特大疾病医疗救助相关基础工作。

四、健全工作机制

（一）健全筹资机制。各地要根据救助对象数量、患病率、救助标准、医药费用增长情况，以及基本医疗保险、城乡居民大病保险、商业保险报销水平等，科学测算医疗救助资金需求，加大财政投入，鼓励和引导社会捐赠，健全多渠道筹资机制。县级财政要根据测算的资金需求和上级财政补助资金情况，合理安排本级财政医疗救助资金，并纳入年度预算。省级和地市级财政应加大对本行政区域内经济困难地区的资金补助力度。中央财政在分配医疗救助补助资金时，将进一步加大对地方各级财政筹资情况的考核力度。各地应根据年度筹资情况及时调整救助方案，提高资金使用效益。

（二）健全“一站式”即时结算机制。做到医疗救助与基本医疗保险、城乡居民大病保险、疾病应急救助、商业保险等信息管理平台互联互享、公开透明，实现“一站式”信息交换和即时结算，救助对象所发生的医疗费用可先由定点医疗机构垫付医疗救助基金支付的部分，救助对象只支付自负部分。结合医保异地就医工作的推进，积极探索重特大疾病医疗救助异地就医管理机制。

（三）健全救助服务监管机制。要在基本医疗保险定点医疗机构范围内，按照公开平等、竞争择优的原则确定医疗救助定点医疗机构。民政部门要与医疗救助定点医疗机构签订委托合作协议，明确服务内容、服务质量、费用结算以及双方的责任义务，制定服务规范，并会同财政、人力资源社会保障、卫生计生等部门及商业保险机构做好对医疗服务行为质量的监督管理，防控不合理医疗行为和费用。对不按规定用药、诊疗以及提供医疗服务所发生的费用，医疗救助基金不予结算。对违反合作协议，不按规定提供医疗救助服务，造成医疗救助资金流失或浪费的，要终止定点合作协议，取消医疗救助定点医疗机构资格，并依法追究责任。

（四）健全社会力量参与的衔接机制。各地要加强医疗救助与社会力量参与的衔接机制建设，落实国家有关财税优惠、费用减免等政策规定，支持、引导社会力量通过捐赠资金、物资积极参与医疗救助特别是重特大疾病医疗救助，形成对政府救助的有效补充。要搭建信息共享平台，及时提供救助需求信息，为社会力量参与医疗救助创造条件、提供便利，形成工作合力。要从困难群众医疗保障需求出发，帮助他们寻求慈善帮扶。要注重发挥社会力量的专业优势，提供医疗费用补助、心理疏导、亲情陪护等形式多样的慈善医疗服务，帮助困难群众减轻医疗经济负担、缓解身心压力。

五、加强组织领导

完善医疗救助制度，全面开展重特大疾病医疗救助工作，缓解因病陷入困境群众的“不能承受之重”，是政府的重要职责。县级以上地方各级人民政府要加强组织领导，细化政策措施，明确进度安排，落实管理责任，加大资金投入，强化督促检查，务求取得实效。要切实加强基层经办机构和能力建设，做到事有人管、责有人负，不断提高工作水平。

各级民政部门要主动加强与财政、人力资源社会保障、卫生计生、保险监管等部门的协调配合，做好医疗救助方案设计、政策调整等工作，更好地发挥医疗救助救急难作用。对于医疗救助政策难以解决的个案问题，要充分利用当地社会救助协调工作机制，专题研究解决措施，避免冲击社会道德和心理底线的事件发生。

国务院办公厅关于全面实施城乡居民大病保险的意见

（2015年7月28日　国办发〔2015〕57号）

各省、自治区、直辖市人民政府，国务院各部委、各直属机构：

城乡居民大病保险（以下简称大病保险）是基本医疗保障制度的拓展和延伸，是对大病患者发生的高额医疗费用给予进一步保障的一项新的制度性安排。大病保险试点以来，推动了医保、医疗、医药联动改革，促进了政府主导与发挥市场机制作用相结合，提高了基本医疗保障管理水平和运行效率，有力缓解了因病致贫、因病返贫问题。为加快推进大病保险制度建设，筑牢全民基本医疗保障网底，让更多的人民群众受益，经国务院同意，现提出以下意见。

一、基本原则和目标

（一）基本原则。

1. 坚持以人为本、保障大病。建立完善大病保险制度，不断提高大病保障水平和服务可及性，着力维护人民群众健康权益，切实避免人民群众因病致贫、因病返贫。

2. 坚持统筹协调、政策联动。加强基本医保、大病保险、医疗救助、疾病应急救助、商业健康保险和慈善救助等制度的衔接，发挥协同互补作用，输出充沛的保障动能，形成保障合力。

3. 坚持政府主导、专业承办。强化政府在制定政策、组织协调、监督管理等方面职责的同时，采取商业保险机构承办大病保险的方式，发挥市场机制作用和商业保险机构专业优势，提高大病保险运行效率、服务水平和质量。

4. 坚持稳步推进、持续实施。大病保险保障水平要与经济社会发展、医疗消费水平和社会负担能力等相适应。强化社会互助共济，形成政府、个人和保险机构共同分担大病风险的机制。坚持因地制宜、规范运作，实现大病保险稳健运行和可持续发展。

（二）主要目标。

2015年底前，大病保险覆盖所有城镇居民基本医疗保险、新型农村合作医疗（以下统称城乡居民基本医保）参保人群，大病患者看病就医负担有效减轻。到2017年，建立起比较完善的大病保险制度，与医疗救助等制度紧密衔接，共同发挥托底保障功能，有效防止发生家庭灾难性医疗支出，城乡居民医疗保障的公平性得到显著提升。

二、完善大病保险筹资机制

（一）科学测算筹资标准。各地结合当地经济社会发展水平、患大病发生的高额医疗费用情况、基本医保筹资能力和支付水平，以及大病保险保障水平等因素，科学细致做好资金测算，合理确定大病保险的筹资标准。

（二）稳定资金来源。从城乡居民基本医保基金中划出一定比例或额度作为大病保险资金。城乡居民基本医保基金有结余的地区，利用结余筹集大病保险资金；结余不足或没有结余的地区，在年度筹集的基金中予以安排。完善城乡居民基本医保的多渠道筹资机制，保证制度的可持续发展。

（三）提高统筹层次。大病保险原则上实行市（地）级统筹，鼓励省级统筹或全省（区、市）统一政策、统一组织实施，提高抗风险能力。

三、提高大病保险保障水平

（一）全面覆盖城乡居民。大病保险的保障对象为城乡居民基本医保参保人，保障范围与城乡居民基本医保相衔接。参保人患大病发生高额医疗费用，由大病保险对经城乡居民基本医保按规定支付后个人负担的合规医疗费用给予保障。

高额医疗费用，可以个人年度累计负担的合规医疗费用超过当地统计部门公布的上一年度城镇居民、农村居民年人均可支配收入作为主要测算依据。根据城乡居民收入变化情况，建立动态调整机制，研究细化大病的科学界定标准，具体由地方政府根据实际情况确定。合规医疗费用的具体范围由各省（区、市）和新疆生产建设兵团结合实际分别确定。

（二）逐步提高支付比例。2015 年大病保险支付比例应达到 50%以上，随着大病保险筹资能力、管理水平不断提高，进一步提高支付比例，更有效地减轻个人医疗费用负担。按照医疗费用高低分段制定大病保险支付比例，医疗费用越高支付比例越高。鼓励地方探索向困难群体适当倾斜的具体办法，努力提高大病保险制度托底保障的精准性。

四、加强医疗保障各项制度的衔接

强化基本医保、大病保险、医疗救助、疾病应急救助、商业健康保险及慈善救助等制度间的互补联动，明确分工，细化措施，在政策制定、待遇支付、管理服务等方面做好衔接，努力实现大病患者应保尽保。鼓励有条件的地方探索建立覆盖职工、城镇居民和农村居民的有机衔接、政策统一的大病保险制度。推动实现新型农村合作医疗重大疾病保障向大病保险平稳过渡。

建立大病信息通报制度，支持商业健康保险信息系统与基本医保、医疗机构信息系统进行必要的信息共享。大病保险承办机构要及时掌握大病患者医疗费用和基本医保支付情况，加强与城乡居民基本医保经办服务的衔接，提供“一站式”即时结算服务，确保群众方便、及时享受大病保险待遇。对经大病保险支付后自付费用仍有困难的患者，民政等部门要及时落实相关救助政策。

五、规范大病保险承办服务

（一）支持商业保险机构承办大病保险。地方政府人力资源社会保障、卫生计生、财政、保险监管部门共同制定大病保险的筹资、支付范围、最低支付比例以及就医、结算管理等基本政策，并通过适当方式征求意见。原则上通过政府招标选定商业保险机构承办大病保险业务，在正常招投标不能确定承办机构的情况下，由地方政府明确承办机构的产生办法。对商业保险机构承办大病保险的保费收入，按现行规定免征营业税，免征保险业务监管费；2015 年至 2018 年，试行免征保险保障金。

（二）规范大病保险招标投标与合同管理。坚持公开、公平、公正和诚实信用的原则，建立健全招投标机制，规范招投标程序。招标主要包括具体支付比例、盈亏率、配备的承办和管理力量等内容。符合保险监管部门基本准入条件的商业保险机构自愿参加投标。招标人应当与中标的商业保险机构签署保险合同，明确双方责任、权利和义务，合同期限原则上不低于 3 年。因违反合同约定，或发生其他严重损害参保人权益的情况，可按照约定提前终止或解除合同，并依法追究责任。各地要不断完善合同内容，探索制定全省（区、市）统一的合同范本。

（三）建立大病保险收支结余和政策性亏损的动态调整机制。遵循收支平衡、保本微利的原则，合理控制商业保险机构盈利率。商业保险机构因承办大病保险出现超过合同约定的结余，需向城乡居民基本医保基金返还资金；因城乡居民基本医保政策调整等政策性原因给商业保险机构带来亏损时，由城乡居民基本医保基金和商业保险机构分摊，具体分摊比例应在保险合同中载明。

（四）不断提升大病保险管理服务的能力和水平。规范资金管理，商业保险机构承办大病保险获得的保费实行单独核算，确保资金安全和偿付能力。商业保险机构要建立专业队伍，加强专业能力建设，提高管理服务效率，优化服务流程，为参保人提供更加高效便捷的服务。发挥商业保险机构全国网络优势，简化报销手续，推动异地医保即时结算。鼓励商业保险机构在承办好大病保险业务的基础上，提供多样化的健康保险产品。

六、严格监督管理

（一）加强大病保险运行的监管。相关部门要各负其责，协同配合，强化服务意识，切实保障参保人权益。人力资源社会保障、卫生计生等部门要建立以保障水平和参保人满意度为核心的考核评价指标体系，加强监督检查和考核评估，督促商业保险机构按合同要求提高服务质量和水平。保险监管部门要加强商业保险机构从业资格审查以及偿付能力、服务质量和市场行为监管，依法查处违法违规行为。财政部门要会同相关部门落实利用城乡居民基本医保基金向商业保险机构购买大病保险的财务列支和会计核算办法，强化基金管理。审计部门要按规定进行严格审计。政府相关部门和商业保险机构要切实加强参保人员个人信息安全保障，防止信息外泄和滥用。

（二）规范医疗服务行为。卫生计生部门要加强对医疗机构、医疗服务行为和质量的监管。商业保险机构要与人力资源社会保障、卫生计生部门密切配合，协同推进按病种付费等支付方式改革。抓紧制定相关临床路径，强化诊疗规范，规范医疗行为，控制医疗费用。

（三）主动接受社会监督。商业保险机构要将签订合同情况以及筹资标准、待遇水平、支付流程、结算效率和大病保险年度收支等情况向社会公开。城乡居民基本医保经办机构承办大病保险的，在基金管理、经办服务、信息披露、社会监督等方面执行城乡居民基本医保现行规定。

七、强化组织实施

各省（区、市）人民政府和新疆生产建设兵团、各市（地）人民政府要将全面实施大病保险工作列入重要议事日程，进一步健全政府领导、部门协调、社会参与的工作机制，抓紧制定实施方案，细化工作任务和责任部门，明确时间节点和工作要求，确保 2015 年底前全面推开。

人力资源社会保障、卫生计生部门要加强对各地实施大病保险的指导，密切跟踪工作进展，及时研究解决新情况新问题，总结推广经验做法，不断完善大病保险制度。加强宣传解读，使群众广泛了解大病保险政策、科学理性对待疾病，增强全社会的保险责任意识，为大病保险实施营造良好社会氛围。

国务院办公厅关于进一步深化基本医疗保险支付方式改革的指导意见

（2017年6月20日　国办发〔2017〕55号）

各省、自治区、直辖市人民政府，国务院各部委、各直属机构：

医保支付是基本医保管理和深化医改的重要环节，是调节医疗服务行为、引导医疗资源配置的重要杠杆。新一轮医改以来，各地积极探索医保支付方式改革，在保障参保人员权益、控制医保基金不合理支出等方面取得积极成效，但医保对医疗服务供需双方特别是对供方的引导制约作用尚未得到有效发挥。为更好地保障参保人员权益、规范医疗服务行为、控制医疗费用不合理增长，充分发挥医保在医改中的基础性作用，经国务院同意，现就进一步深化基本医疗保险支付方式改革提出如下意见。

一、总体要求

（一）指导思想。

全面贯彻党的十八大和十八届三中、四中、五中、六中全会精神，深入贯彻习近平总书记系列重要讲话精神和治国理政新理念新思想新战略，按照党中央、国务院决策部署，落实全国卫生与健康大会精神，紧紧围绕深化医药卫生体制改革目标，正确处理政府和市场关系，全面建立并不断完善符合我国国情和医疗服务特点的医保支付体系。健全医保支付机制和利益调控机制，实行精细化管理，激发医疗机构规范行为、控制成本、合理收治和转诊患者的内生动力，引导医疗资源合理配置和患者有序就医，支持建立分级诊疗模式和基层医疗卫生机构健康发展，切实保障广大参保人员基本医疗权益和医保制度长期可持续发展。

（二）基本原则。

一是保障基本。坚持以收定支、收支平衡、略有结余，不断提高医保基金使用效率，着力保障参保人员基本医疗需求，促进医疗卫生资源合理利用，筑牢保障底线。

二是建立机制。发挥医保第三方优势，健全医保对医疗行为的激励约束机制以及对医疗费用的控制机制。建立健全医保经办机构与医疗机构间公开平等的谈判协商机制、“结余留用、合理超支分担”的激励和风险分担机制，提高医疗机构自我管理的积极性，促进医疗机构从规模扩张向内涵式发展转变。

三是因地制宜。各地要从实际出发，充分考虑医保基金支付能力、医保管理服务能力、医疗服务特点、疾病谱分布等因素，积极探索创新，实行符合本地实际的医保支付方式。

四是统筹推进。统筹推进医疗、医保、医药各项改革，注重改革的系统性、整体性、协调性，发挥部门合力，多措并举，实现政策叠加效应。

（三）主要目标。

2017 年起，进一步加强医保基金预算管理，全面推行以按病种付费为主的多元复合式医保支付方式。各地要选择一定数量的病种实施按病种付费，国家选择部分地区开展按疾病诊断相关分组（DRGs）付费试点，鼓励各地完善按人头、按床日等多种付费方式。到2020年，医保支付方式改革覆盖所有医疗机构及医疗服务，全国范围内普遍实施适应不同疾病、不同服务特点的多元复合式医保支付方式，按项目付费占比明显下降。

二、改革的主要内容

（一）实行多元复合式医保支付方式。针对不同医疗服务特点，推进医保支付方式分类改革。对住院医疗服务，主要按病种、按疾病诊断相关分组付费，长期、慢性病住院医疗服务可按床日付费；对基层医疗服务，可按人头付费，积极探索将按人头付费与慢性病管理相结合；对不宜打包付费的复杂病例和门诊费用，可按项目付费。探索符合中医药服务特点的支付方式，鼓励提供和使用适宜的中医药服务。

（二）重点推行按病种付费。原则上对诊疗方案和出入院标准比较明确、诊疗技术比较成熟的疾病实行按病种付费。逐步将日间手术以及符合条件的中西医病种门诊治疗纳入医保基金病种付费范围。建立健全谈判协商机制，以既往费用数据和医保基金支付能力为基础，在保证疗效的基础上科学合理确定中西医病种付费标准，引导适宜技术使用，节约医疗费用。做好按病种收费、付费政策衔接，合理确定收费、付费标准，由医保基金和个人共同分担。加快制定医疗服务项目技术规范，实现全国范围内医疗服务项目名称和内涵的统一。逐步统一疾病分类编码（ICD-10）、手术与操作编码系统，明确病历及病案首页书写规范，制定完善符合基本医疗需求的临床路径等行业技术标准，为推行按病种付费打下良好基础。

（三）开展按疾病诊断相关分组付费试点。探索建立按疾病诊断相关分组付费体系。按疾病病情严重程度、治疗方法复杂程度和实际资源消耗水平等进行病种分组，坚持分组公开、分组逻辑公开、基础费率公开，结合实际确定和调整完善各组之间的相对比价关系。可以疾病诊断相关分组技术为支撑进行医疗机构诊疗成本与疗效测量评价，加强不同医疗机构同一病种组间的横向比较，利用评价结果完善医保付费机制，促进医疗机构提升绩效、控制费用。加快提升医保精细化管理水平，逐步将疾病诊断相关分组用于实际付费并扩大应用范围。疾病诊断相关分组收费、付费标准包括医保基金和个人付费在内的全部医疗费用。

（四）完善按人头付费、按床日付费等支付方式。支持分级诊疗模式和家庭医生签约服务制度建设，依托基层医疗卫生机构推行门诊统筹按人头付费，促进基层医疗卫生机构提供优质医疗服务。各统筹地区要明确按人头付费的基本医疗服务包范围，保障医保目录内药品、基本医疗服务费用和一般诊疗费的支付。逐步从糖尿病、高血压、慢性肾功能衰竭等治疗方案标准、评估指标明确的慢性病入手，开展特殊慢性病按人头付费，鼓励医疗机构做好健康管理。有条件的地区可探索将签约居民的门诊基金按人头支付给基层医疗卫生机构或家庭医生团队，患者向医院转诊的，由基层医疗卫生机构或家庭医生团队支付一定的转诊费用。对于精神病、安宁疗护、医疗康复等需要长期住院治疗且日均费用较稳定的疾病，可采取按床日付费的方式，同时加强对平均住院天数、日均费用以及治疗效果的考核评估。

（五）强化医保对医疗行为的监管。完善医保服务协议管理，将监管重点从医疗费用控制转向医疗费用和医疗质量双控制。根据各级各类医疗机构的功能定位和服务特点，分类完善科学合理的考核评价体系，将考核结果与医保基金支付挂钩。中医医疗机构考核指标应包括中医药服务提供比例。有条件的地方医保经办机构可以按协议约定向医疗机构预付一部分医保资金，缓解其资金运行压力。医保经办机构要全面推开医保智能监控工作，实现医保费用结算从部分审核向全面审核转变，从事后纠正向事前提示、事中监督转变，从单纯管制向监督、管理、服务相结合转变。不断完善医保信息系统，确保信息安全。积极探索将医保监管延伸到医务人员医疗服务行为的有效方式，探索将监管考核结果向社会公布，促进医疗机构强化医务人员管理。

三、配套改革措施

（一）加强医保基金预算管理。按照以收定支、收支平衡、略有结余的原则，科学编制并严格执行医保基金收支预算。加快推进医保基金收支决算公开，接受社会监督。

各统筹地区要结合医保基金预算管理完善总额控制办法，提高总额控制指标的科学性、合理性。完善与总额控制相适应的考核评价体系和动态调整机制，对超总额控制指标的医疗机构合理增加的工作量，可根据考核情况按协议约定给予补偿，保证医疗机构正常运行。健全医保经办机构与医疗机构之间的协商机制，促进医疗机构集体协商。总额控制指标应向基层医疗卫生机构、儿童医疗机构等适当倾斜，制定过程按规定向医疗机构、相关部门和社会公开。

有条件的地区可积极探索将点数法与预算总额管理、按病种付费等相结合，逐步使用区域（或一定范围内）医保基金总额控制代替具体医疗机构总额控制。采取点数法的地区确定本区域（或一定范围内）医保基金总额控制指标后，不再细化明确各医疗机构的总额控制指标，而是将项目、病种、床日等各种医疗服务的价值以一定点数体现，年底根据各医疗机构所提供服务的总点数以及地区医保基金支出预算指标，得出每个点的实际价值，按照各医疗机构实际点数付费，促进医疗机构之间分工协作、有序竞争和资源合理配置。

（二）完善医保支付政策措施。严格规范基本医保责任边界，基本医保重点保障符合“临床必需、安全有效、价格合理”原则的药品、医疗服务和基本服务设施相关费用。公共卫生费用、与疾病治疗无直接关系的体育健身或养生保健消费等，不得纳入医保支付范围。各地要充分考虑医保基金支付能力、社会总体承受能力和参保人个人负担，坚持基本保障和责任分担的原则，按照规定程序调整待遇政策。科学合理确定药品和医疗服务项目的医保支付标准。

结合分级诊疗模式和家庭医生签约服务制度建设，引导参保人员优先到基层首诊，对符合规定的转诊住院患者可以连续计算起付线，将符合规定的家庭医生签约服务费纳入医保支付范围。探索对纵向合作的医疗联合体等分工协作模式实行医保总额付费，合理引导双向转诊，发挥家庭医生在医保控费方面的“守门人”作用。鼓励定点零售药店做好慢性病用药供应保障，患者可凭处方自由选择在医疗机构或到医疗机构外购药。

（三）协同推进医药卫生体制相关改革。建立区域内医疗卫生资源总量、医疗费用总量与经济发展水平、医保基金支付能力相适应的宏观调控机制，控制医疗费用过快增长。推行临床路径管理，提高诊疗行为透明度。推进同级医疗机构医学检查检验结果互认，减少重复检查。建立医疗机构效率和费用信息公开机制，将费用、患者负担水平等指标定期公开，接受社会监督，并为参保人就医选择提供参考。完善公立医疗机构内部绩效考核和收入分配机制，引导医疗机构建立以合理诊疗为核心的绩效考核评价体系，体现多劳多得、优劳优酬。规范和推动医务人员多点执业。

四、组织实施

（一）加强组织领导。各省（区、市）要高度认识深化医保支付方式改革的重要性，在医改领导小组领导下，协调推进医保支付方式及相关领域改革，妥善做好政策衔接，发挥政策合力。各级人力资源社会保障、卫生计生、财政、发展改革、中医药等部门要根据各自职能，协同推进医保支付方式改革，明确时间表、路线图，做好规划和组织落实工作。

（二）切实抓好落实。各统筹地区要按照本意见精神，在总结经验的基础上，结合本地实际，于 2017 年 9 月底前制定具体改革实施方案。人力资源社会保障部、国家卫生计生委会同财政部、国家中医药局成立按疾病诊断相关分组付费试点工作组，2017 年选择部分地区开展按疾病诊断相关分组付费试点，并加强技术指导。

（三）做好交流评估。加强不同地区间医保支付方式改革成果交流，及时总结推广好的经验做法。各统筹地区要开展改革效果评估，既对改革前后医疗费用、医疗服务数量和质量、医保待遇水平、参保人员健康水平等进行纵向评估，又与周边地区、经济和医疗水平相似地区进行横向比较，通过评估为完善政策提供支持。

国务院办公厅关于促进“互联网+医疗健康”发展的意见

（2018 年 4 月 25 日　国办发〔2018〕26 号）

各省、自治区、直辖市人民政府，国务院各部委、各直属机构：

为深入贯彻落实习近平新时代中国特色社会主义思想和党的十九大精神，推进实施健康中国战略，提升医疗卫生现代化管理水平，优化资源配置，创新服务模式，提高服务效率，降低服务成本，满足人民群众日益增长的医疗卫生健康需求，根据《“健康中国 2030”规划纲要》和《国务院关于积极推进“互联网+”行动的指导意见》（国发〔2015〕40 号），经国务院同意，现就促进“互联网+医疗健康”发展提出以下意见。

一、健全“互联网+医疗健康”服务体系

（一）发展“互联网+”医疗服务。

1. 鼓励医疗机构应用互联网等信息技术拓展医疗服务空间和内容，构建覆盖诊前、诊中、诊后的线上线下一体化医疗服务模式。

允许依托医疗机构发展互联网医院。医疗机构可以使用互联网医院作为第二名称，在实体医院基础上，运用互联网技术提供安全适宜的医疗服务，允许在线开展部分常见病、慢性病复诊。

医师掌握患者病历资料后，允许在线开具部分常见病、慢性病处方。

支持医疗卫生机构、符合条件的第三方机构搭建互联网信息平台，开展远程医疗、健康咨询、健康管理服务，促进医院、医务人员、患者之间的有效沟通。（国家卫生健康委员会、国家发展改革委负责。排在第一位的部门为牵头部门，下同）

2. 医疗联合体要积极运用互联网技术，加快实现医疗资源上下贯通、信息互通共享、业务高效协同，便捷开展预约诊疗、双向转诊、远程医疗等服务，推进“基层检查、上级诊断”，推动构建有序的分级诊疗格局。

鼓励医疗联合体内上级医疗机构借助人工智能等技术手段，面向基层提供远程会诊、远程心电诊断、远程影像诊断等服务，促进医疗联合体内医疗机构间检查检验结果实时查阅、互认共享。推进远程医疗服务覆盖全国所有医疗联合体和县级医院，并逐步向社区卫生服务机构、乡镇卫生院和村卫生室延伸，提升基层医疗服务能力和效率。（国家卫生健康委员会、国家发展改革委、财政部、国家中医药局负责）

（二）创新“互联网+”公共卫生服务。

1. 推动居民电子健康档案在线查询和规范使用。以高血压、糖尿病等为重点，加强老年慢性病在线服务管理。以纳入国家免疫规划的儿童为重点服务对象，整合现有预防接种信息平台，优化预防接种服务。鼓励利用可穿戴设备获取生命体征数据，为孕产妇提供健康监测与管理。加强对严重精神障碍患者的信息管理、随访评估和分类干预。（国家卫生健康委员会负责）

2. 鼓励医疗卫生机构与互联网企业合作，加强区域医疗卫生信息资源整合，探索运用人群流动、气候变化等大数据技术分析手段，预测疾病流行趋势，加强对传染病等疾病的智能监测，提高重大疾病防控和突发公共卫生事件应对能力。（国家卫生健康委员会负责）

（三）优化“互联网+”家庭医生签约服务。

1. 加快家庭医生签约服务智能化信息平台建设与应用，加强上级医院对基层的技术支持，探索线上考核评价和激励机制，提高家庭医生团队服务能力，提升签约服务质量和效率，增强群众对家庭医生的信任度。（国家卫生健康委员会、国家发展改革委、财政部、国家中医药局负责）

2. 鼓励开展网上签约服务，为签约居民在线提供健康咨询、预约转诊、慢性病随访、健康管理、延伸处方等服务，推进家庭医生服务模式转变，改善群众签约服务感受。（国家卫生健康委员会负责）

（四）完善“互联网+”药品供应保障服务。

1. 对线上开具的常见病、慢性病处方，经药师审核后，医疗机构、药品经营企业可委托符合条件的第三方机构配送。探索医疗卫生机构处方信息与药品零售消费信息互联互通、实时共享，促进药品网络销售和医疗物流配送等规范发展。（国家卫生健康委员会、国家市场监督管理总局、国家药品监督管理局负责）

2. 依托全民健康信息平台，加强基于互联网的短缺药品多源信息采集和供应业务协同应用，提升基本药物目录、鼓励仿制的药品目录的遴选等能力。（国家卫生健康委员会、工业和信息化部、国家市场监督管理总局、国家药品监督管理局负责）

（五）推进“互联网+”医疗保障结算服务。

1. 加快医疗保障信息系统对接整合，实现医疗保障数据与相关部门数据联通共享，逐步拓展在线支付功能，推进“一站式”结算，为参保人员提供更加便利的服务。（国家医疗保障局、人力资源社会保障部、国家卫生健康委员会等负责）

2. 继续扩大联网定点医疗机构范围，逐步将更多基层医疗机构纳入异地就医直接结算。进一步做好外出务工人员和广大“双创”人员跨省异地住院费用直接结算。（国家医疗保障局负责）

3. 大力推行医保智能审核和实时监控，将临床路径、合理用药、支付政策等规则嵌入医院信息系统，严格医疗行为和费用监管。（国家医疗保障局负责）

（六）加强“互联网+”医学教育和科普服务。

1. 鼓励建立医疗健康教育培训云平台，提供多样化的医学在线课程和医学教育。构建网络化、数字化、个性化、终身化的医学教育培训体系，鼓励医疗工作者开展疑难杂症及重大疾病病例探讨交流，提升业务素质。（国家卫生健康委员会、教育部、人力资源社会保障部负责）

2. 实施“继续医学教育+适宜技术推广”行动，围绕健康扶贫需求，重点针对基层和贫困地区，通过远程教育手段，推广普及实用型适宜技术。（国家卫生健康委员会、人力资源社会保障部、国家中医药局负责）

3. 建立网络科普平台，利用互联网提供健康科普知识精准教育，普及健康生活方式，提高居民自我健康管理能力和健康素养。（国家卫生健康委员会、中国科协负责）

（七）推进“互联网+”人工智能应用服务。

1. 研发基于人工智能的临床诊疗决策支持系统，开展智能医学影像识别、病理分型和多学科会诊以及多种医疗健康场景下的智能语音技术应用，提高医疗服务效率。支持中医辨证论治智能辅助系统应用，提升基层中医诊疗服务能力。开展基于人工智能技术、医疗健康智能设备的移动医疗示范，实现个人健康实时监测与评估、疾病预警、慢病筛查、主动干预。（国家发展改革委、科技部、工业和信息化部、国家卫生健康委员会、国家中医药局按职责分工负责）

2. 加强临床、科研数据整合共享和应用，支持研发医疗健康相关的人工智能技术、医用机器人、大型医疗设备、应急救援医疗设备、生物三维打印技术和可穿戴设备等。顺应工业互联网创新发展趋势，提升医疗健康设备的数字化、智能化制造水平，促进产业升级。（国家发展改革委、工业和信息化部、科技部、国家卫生健康委员会等按职责分工负责）

二、完善“互联网+医疗健康”支撑体系

（八）加快实现医疗健康信息互通共享。

1. 各地区、各有关部门要协调推进统一权威、互联互通的全民健康信息平台建设，逐步实现与国家数据共享交换平台的对接联通，强化人口、公共卫生、医疗服务、医疗保障、药品供应、综合管理等数据采集，畅通部门、区域、行业之间的数据共享通道，促进全民健康信息共享应用。（国家发展改革委、工业和信息化部、公安部、人力资源社会保障部、国家卫生健康委员会、国家市场监督管理总局、国家医疗保障局、各省级人民政府负责）

2. 加快建设基础资源信息数据库，完善全员人口、电子健康档案、电子病历等数据库。大力提升医疗机构信息化应用水平，二级以上医院要健全医院信息平台功能，整合院内各类系统资源，提升医院管理效率。三级医院要在2020年前实现院内医

疗服务信息互通共享，有条件的医院要尽快实现。（国家卫生健康委员会负责）

3. 健全基于互联网、大数据技术的分级诊疗信息系统，推动各级各类医院逐步实现电子健康档案、电子病历、检验检查结果的共享，以及在不同层级医疗卫生机构间的授权使用。支持老少边穷地区基层医疗卫生机构信息化软硬件建设。（国家卫生健康委员会、国家发展改革委、财政部负责）

（九）健全“互联网+医疗健康”标准体系。

1. 健全统一规范的全国医疗健康数据资源目录与标准体系。加强“互联网+医疗健康”标准的规范管理，制定医疗服务、数据安全、个人信息保护、信息共享等基础标准，全面推开病案首页书写规范、疾病分类与代码、手术操作分类与代码、医学名词术语“四统一”。（国家卫生健康委员会、国家市场监督管理总局负责）

2. 加快应用全国医院信息化建设标准和规范，强化省统筹区域平台和医院信息平台功能指引、数据标准的推广应用，统一数据接口，为信息互通共享提供支撑。（国家卫生健康委员会、国家市场监督管理总局负责）

（十）提高医院管理和便民服务水平。

1. 围绕群众日益增长的需求，利用信息技术，优化服务流程，提升服务效能，提高医疗服务供给与需求匹配度。到2020年，二级以上医院普遍提供分时段预约诊疗、智能导医分诊、候诊提醒、检验检查结果查询、诊间结算、移动支付等线上服务。有条件的医疗卫生机构可以开展移动护理、生命体征在线监测、智能医学影像识别、家庭监测等服务。（国家卫生健康委员会、国家中医药局负责）

2. 支持医学检验机构、医疗卫生机构联合互联网企业，发展疾病预防、检验检测等医疗健康服务。推进院前急救车载监护系统与区域或医院信息平台连接，做好患者信息规范共享、远程急救指导和院内急救准备等工作，提高急救效能。推广“智慧中药房”，提高中药饮片、成方制剂等药事服务水平。（国家卫生健康委员会、工业和信息化部、国家中医药局负责）

（十一）提升医疗机构基础设施保障能力。

1. 提升“互联网+医疗健康”服务保障水平，推进医疗卫生服务体系建设，科学布局，合理配置，实施区域中心医院医疗检测设备配置保障工程，国家对中西部等地区的贫困地区予以适当支持。加快基层医疗卫生机构标准化建设，提高基层装备保障能力。（国家卫生健康委员会、国家发展改革委、财政部负责）

2. 重点支持高速宽带网络普遍覆盖城乡各级医疗机构，深入开展电信普遍服务试点，推动光纤宽带网络向农村医疗机构延伸。推动电信企业加快宽带网络演进升级步伐，部署大容量光纤宽带网络，提供高速率网络接入。完善移动宽带网络覆盖，支撑开展急救车载远程诊疗。（工业和信息化部、国家卫生健康委员会按职责分工负责）

3. 面向远程医疗、医疗信息共享等需求，鼓励电信企业向医疗机构提供优质互联网专线、虚拟专用网（VPN）等网络接入服务，推进远程医疗专网建设，保障医疗相关数据传输服务质量。支持各医疗机构选择使用高速率高可靠的网络接入服务。（工业和信息化部、国家卫生健康委员会按职责分工负责）

（十二）及时制定完善相关配套政策。

1. 适应“互联网+医疗健康”发展，进一步完善医保支付政策。逐步将符合条件的互联网诊疗服务纳入医保支付范围，建立费用分担机制，方便群众就近就医，促进优质医疗资源有效利用。健全互联网诊疗收费政策，加强使用管理，促进形成合理的利益分配机制，支持互联网医疗服务可持续发展。（国家医疗保障局负责）

2. 完善医师多点执业政策，鼓励执业医师开展“互联网+医疗健康”服务。（国家卫生健康委员会负责）

三、加强行业监管和安全保障

（十三）强化医疗质量监管。

1. 出台规范互联网诊疗行为的管理办法，明确监管底线，健全相关机构准入标准，最大限度减少准入限制，加强事中事后监管，确保医疗健康服务质量和安全。推进网络可信体系建设，加快建设全国统一标识的医疗卫生人员和医疗卫生机构可信医学数字身份、电子实名认证、数据访问控制信息系统，创新监管机制，提升监管能力。建立医疗责任分担机制，推行在线知情同意告知，防范和化解医疗风险。（国家卫生健康委员会、国家网信办、工业和信息化部、公安部负责）

2. 互联网医疗健康服务平台等第三方机构应当确保提供服务人员的资质符合有关规定要求，并对所提供的服务承担责任。“互联网+医疗健康”服务产生的数据应当全程留痕，可查询、可追溯，满足行业监管需求。（国家卫生健康委员会、国家网信办、工业和信息化部、公安部、国家市场监督管理总局负责）

（十四）保障数据信息安全。

1. 研究制定健康医疗大数据确权、开放、流通、交易和产权保护的法规。严格执行信息安全和健康医疗数据保密规定，建立完善个人隐私信息保护制度，严格管理患者信息、用户资料、基因数据等，对非法买卖、泄露信息行为依法依规予以惩处。

（国家卫生健康委员会、国家网信办、工业和信息化部、公安部负责）

2. 加强医疗卫生机构、互联网医疗健康服务平台、智能医疗设备以及关键信息基础设施、数据应用服务的信息防护，定期开展信息安全隐患排查、监测和预警。患者信息等敏感数据应当存储在境内，确需向境外提供的，应当依照有关规定进行安全评估。（国家卫生健康委员会、国家网信办、工业和信息化部负责）

各地区、各有关部门要结合工作实际，及时出台配套政策措施，确保各项部署落到实处。中西部地区、农村贫困地区、偏远边疆地区要因地制宜，积极发展"互联网+医疗健康"，引入优质医疗资源，提高医疗健康服务的可及性。国家卫生健康委员会要会同有关部门按照任务分工，加强工作指导和督促检查，重要情况及时报告国务院。

国务院办公厅关于改革完善医疗卫生行业综合监管制度的指导意见

（2018年7月18日　国办发〔2018〕63号）

各省、自治区、直辖市人民政府，国务院各部委、各直属机构：

建立严格规范的医疗卫生行业综合监管制度，是全面建立中国特色基本医疗卫生制度、推进医疗卫生治理体系和治理能力现代化的重要内容。为改革完善医疗卫生行业综合监管制度，经国务院同意，现提出以下意见。

一、总体要求

（一）指导思想。全面贯彻党的十九大和十九届二中、三中全会精神，以习近平新时代中国特色社会主义思想为指导，认真落实党中央、国务院关于深化医药卫生体制改革的决策部署，深化转职能、转方式、转作风，提高效率效能，转变监管理念、体制和方式，从重点监管公立医疗卫生机构转向全行业监管，从注重事前审批转向注重事中事后全流程监管，从单项监管转向综合协同监管，从主要运用行政手段转向统筹运用行政、法律、经济和信息等多种手段，提高监管能力和水平，为实施健康中国战略、全方位全周期保障人民健康提供有力支撑。

（二）基本原则。

坚持政府主导，综合协调。加强党对医疗卫生行业综合监管的领导，强化政府主导责任，明确部门职责，坚持谁审批、谁监管，谁主管、谁监管。建立健全信息共享、相互衔接、协同配合的监管协调机制。

坚持依法监管，属地化全行业管理。推进依法行政、规范执法。合理界定并落实政府办医职责和医疗卫生机构自主运营管理权限，明确医疗卫生监管责任。积极探索公立医院管办分开的有效实现形式，明确政府及相关部门的管理权力和职责，构建决策、执行、监督相互分工、相互制衡的权力运行机制。所有医疗卫生机构不论所有制、投资主体、隶属关系和经营性质，均由所在地政府卫生健康行政部门（含中医药管理部门，下同）实行统一监管。

坚持社会共治，公开公正。健全社会监督机制，全面推进信息公开，充分发挥信用体系的约束作用、行业组织的自律作用以及专业化组织、社会舆论和公众的监督作用。

坚持改革创新，提升效能。构建权责明确、透明高效的综合监管机制，运用信息化等手段创新监管方式，加强全要素、全流程监管，提升执法效能。

（三）总体目标。到2020年，建立职责明确、分工协作、科学有效的综合监管制度，健全机构自治、行业自律、政府监管、社会监督相结合的多元化综合监管体系，形成专业高效、统一规范、文明公正的卫生健康执法监督队伍，实现医疗卫生行业综合监管法治化、规范化、常态化。

二、明确监管主体和责任

（四）加强党的领导。坚持和加强党的全面领导，不断完善医疗卫生行业党建工作领导体制和工作机制。医疗卫生机构要加强党的领导和基层党组织建设。充分发挥公立医院党委把方向、管大局、作决策、促改革、保落实的领导作用，基层党支部的战斗堡垒作用和党员的先锋模范作用。加强社会办医党组织建设。督促监管机构和医疗卫生机构深入贯彻习近平新时代中国特色社会主义思想和党的十九大精神，全面贯彻党的基本理论、基本路线、基本方略。完善公立医院领导班子和领导人员特别是主要负责人监督约束机制，加强对履行政治责任、行使职责权力、加强作风建设等方面的监督。强化党风廉政建设和行风建设，加大医疗卫生行业反腐败力度，筑牢监管底线。

(五) 强化政府主导责任。深入推进“放管服”改革，充分发挥政府在法治建设、行业规划、标准制定、行业准入、行政执法等方面的主导作用。按照精简、统一、效能的原则，整合集中医疗卫生行业监管职能和责任。在不单设实体性办事机构、不增加编制的前提下，依托现有资源，建立由卫生健康行政部门牵头、有关部门参加的综合监管协调机制，负责统筹综合监管的协调、指导和医疗卫生服务重大案件查处等工作。制定完善部门权责清单，明确监管职责。依法承担医疗卫生行业执法监督职责的机构开展相关执法监督工作。

(六) 落实医疗卫生机构自我管理主体责任。医疗卫生机构对本机构依法执业、规范服务、服务质量和安全、行风建设等承担主体责任，其主要负责人是第一责任人。医疗卫生机构要建立健全服务质量和安全、人力资源、财务资产、绩效考核等内部管理机制。各级各类医院要按照健全现代医院管理制度的要求，制定医院章程，建立决策、执行、监督相互协调、相互制衡、相互促进的治理机制，自觉接受行业监管和社会监督。引导社会办医疗机构加强各环节自律，提高诚信经营水平。

（七）发挥行业组织自律作用。积极培育医疗卫生行业组织，引导和支持其提升专业化水平和公信力，在制定行业管理规范和技术标准、规范执业行为和经营管理、维护行业信誉、调解处理服务纠纷等方面更好发挥作用。探索通过法律授权等方式，利用行业组织的专业力量，完善行业准入和退出管理机制，健全医疗卫生质量、技术、安全、服务评估机制和专家支持体系。

（八）加强社会监督。落实“谁执法谁普法”普法责任制，推进普法教育，提高医疗卫生机构和从业人员依法执业意识，增强公众健康权益意识。医疗卫生机构自觉接受人大代表、政协委员监督。支持社会各界参与监督。加强医疗卫生服务投诉举报平台建设，加大对举报违法行为的奖励力度。完善舆情监测和处置机制，发挥媒体监督作用。发挥专业机构和中介组织的技术支撑和社会监督作用。

三、加强全过程监管

（九）优化医疗卫生服务要素准入。加快推进医药卫生领域行政审批制度改革，相关部门按职责建立行政审批事项清单并向社会公示。优化医疗卫生机构、从业人员以及医疗技术、药品、医疗器械等准入和行政许可流程，推行医疗机构、医师和护士电子化注册。制定社会办医疗机构设置的跨部门全流程综合审批办法。强化国家卫生技术评估支持力量，发挥卫生技术评估在医疗技术、药品、医疗器械等临床准入、规范应用、停用、淘汰等方面的决策支持作用。

（十）加强医疗服务质量和安全监管。完善国家医疗质量管理与控制制度建设和组织体系，健全法律法规、技术规范和标准体系，加强能力建设。协同行业组织、医疗卫生机构、第三方专业机构规范开展医疗服务质量评价。以医疗机构自我质量管理为基础，健全内部质量和安全管理体系和机制，严格落实医疗质量和安全管理核心制度。通过日常信息化监测和必要的现场检查，实施外部质量控制，加强对重点部门、重点专业、重要岗位、关键环节、高风险人员的监管。健全医疗机构评审评价体系，对社会办医疗机构和公立医疗机构的评审评价实行同等标准。

加强对医疗机构采购和使用药品、耗材、医疗器械等医疗相关产品的监管。推行临床路径管理和临床药师制度，落实处方点评制度。强化药品质量监管，健全药品遴选、采购、处方审核、处方调剂、临床应用和评价等标准规范，强化药事管理和药事服务。建立完善临床用药超常预警制度和对辅助用药、高值医用耗材等的跟踪监控制度，开展大型医用设备使用监督和评估，依法纠正和处理违法违规使用行为。

（十一）加强医疗卫生机构运行监管。加强公立医疗卫生机构综合绩效考核，强化对社会效益、服务提供、综合管理、成本控制、资产管理、可持续发展等方面的监管。重点监管公立医疗卫生机构破除以药养医机制，落实药品、耗材采购制度和医疗服务价格政策，建立科学合理的内部薪酬分配机制等情况，控制医疗费用不合理增长。加强医疗、医保、医药联动，健全公立医疗卫生机构的激励约束机制。建立健全公立医院全面预算管理、成本管理、财务报告、信息公开以及内部和第三方审计机制，对公立医院人员支出、基本建设和设备购置支出、负债、对外投资、资金结余使用等加大监管力度。监管结果与医疗卫生机构的评定，以及主要负责人、相关责任人晋升、奖惩直接挂钩。审计机关依法对医疗卫生机构开展审计监督。

严格执行非营利性和营利性医疗机构分类管理要求。加强对非营利性医疗机构资金结余使用等方面的监督管理，其所得收入除符合规定的合理支出外，只能用于医疗机构的继续发展，不得违反经营目的，不得将收支结余用于分红或变相分红。加强对营利性医疗机构盈利率的管控，依法公开服务价格等信息。对医疗机构损害患者权益、谋取不当利益的，依法依规惩处。

积极发挥各类医疗保险对医疗服务行为的引导与监督制约作用，加强对医疗费用的调控。全面推开医疗保险智能监控，积极探索将医保监管延伸到医务人员医疗服务行为的有效方式。严厉打击欺诈骗保行为，对骗取套取医保资金行为依法依规加大惩处力度，保障医保基金安全。

（十二）加强公共卫生服务监管。依法加强对环境保护、食品安全、职业卫生、精神卫生、放射卫生、传染病防治、实验室生物安全、公共场所卫生、饮用水卫生、学校卫生等公共卫生服务的监管。加强对国家基本公共卫生服务和重大公共卫生服务项目实施情况的绩效考核和监管，重点监管资金使用效益、满足群众健康需求情况。加强对公立医院、基层医疗卫生机构和社会办医院完成公共卫生服务、突发事件卫生应急处置、紧急医学救援等任务的指导和考核。充分发挥医疗卫生机构对健康危害因素的监测、评估、预警作用，为综合监管提供依据。

（十三）加强医疗卫生从业人员监管。强化从业人员执业行为监管，加强对医师资格证、医师执业证的监管。加大医疗卫生行业行风建设力度，落实医务人员医德考评制度。继续加强“九不准”等相关制度执行。严肃查处违法违规和违反医德医风的执业行为，将对违法违规行为的处罚纳入医疗卫生行业信用机制。

（十四）加强医疗卫生服务行业秩序监管。建立健全医疗卫生服务行业秩序监管联防联控机制。严厉打击非法行医，加强对医疗养生类节目和医疗广告宣传的管理，严肃查处假冒医疗机构或医务人员宣讲医疗和健康养生知识、推销药品、推荐医疗机构等非法行为。严厉打击医药购销领域商业贿赂行为，以零容忍态度严肃查处损害群众利益的案件。严厉打击骗取、套取公共卫生资金行为。严厉打击涉医违法犯罪行为，完善医疗纠纷预防和处理机制，加强平安医院建设。

（十五）加强健康产业监管。建立健全覆盖健康产业全链条、全流程的包容、审慎、有效监管机制，明确监管责任，提高监测能力。制定完善新型健康服务监管政策，加强对医疗卫生与养老、旅游、互联网、健身休闲、食品等领域融合产生的新产业新业态新模式的监管，完善对相关新技术的审慎监管机制。通过规范试点、开展评估、公开信息、完善投诉和维权机制等多种方式，加强行业指导，营造公平公正的发展环境。加强对药品、医疗器械、康复辅助器具等相关产业的监管，提升相关支撑产业研发制造水平。

四、创新监管机制

（十六）完善规范化行政执法机制。建立健全行政执法公示、执法全过程记录、重大执法决定法制审核以及行政裁量权基准等制度，强化对行政权力的制约和监督。落实执法责任制和责任追究制，探索容错纠错和免责机制。完善行政执法和刑事司法衔接程序。

（十七）全面推行“双随机、一公开”抽查机制。完善抽查清单，健全检查人员名录库。对投诉举报多、安全隐患大、有失信行为和严重违法违规记录的医疗卫生机构，增加抽查频次，加大查处力度，依法向社会公开监管信息。

（十八）建立健全医疗卫生行业信用机制。将医疗卫生行业行政许可、行政处罚等信用信息纳入全国信用信息共享平台。其中涉及企业的行政许可、行政处罚、抽查检查结果等信息，通过国家企业信用信息公示系统统一归集于企业名下并依法公示。建立医疗卫生机构和医务人员不良执业行为记分制度。完善以执业准入注册、不良执业行为记录为基础的医疗卫生行业信用记录数据库。建立医疗卫生行业黑名单制度，加强对失信行为的记录、公示和预警。建立健全依法联合惩戒体系，实现“一处违法，处处受限”。

（十九）健全信息公开机制。完善相关部门和医疗卫生机构信息公开目录，明确信息公开主体、公开事项和时限要求。通过多种渠道，定期公开医疗卫生机构的执业资质、人员信息、服务项目、收费标准以及相关许可、检查、考核评估和行政处罚等信息。

（二十）建立风险预警和评估机制。建立医疗卫生风险分级管控机制，形成统一的医疗卫生服务质量、安全和费用风险监测评估网络。充分运用云计算、大数据、物联网等现代信息技术，整合抽查抽检、定点监测、违法失信、投诉举报等相关信息，加强风险评估和分析，提高发现问题和防范化解重大风险能力。

（二十一）形成网格化管理机制。因地制宜将医疗卫生行业综合监管工作纳入城乡社区网格化服务管理，合理配置监管协管力量，做到“定格、定员、定责”，建立健全信息管理、各方联动、协调处理、考核评价等制度。加强对医疗卫生机构的日常巡查、专项督查、专项整治、处罚后复查等，建立健全线上线下一体化的监管方式。

（二十二）建立综合监管结果协同运用机制。建立健全综合监管结果与医疗卫生机构校验、等级评审、医保定点协议管理、重点专科设置、财政投入、评先评优等的挂钩机制，以及从业人员医疗卫生服务监管结果与职称聘任、职务晋升、评先评优、绩效分配等的挂钩机制，推进综合监管结果统筹运用。

五、加强保障落实

（二十三）落实部门责任。卫生健康行政部门是医疗卫生行业综合监管的主要负责部门，发展改革、教育、公安、民政、司法行政、财政、人力资源社会保障、生态环境、住房城乡建设、水利、商务、人民银行、审计、国资、海关、税务、市场监管、医疗保障、银行保险监管、中医药管理、药品监管、军队卫生等部门依法承担相应监管职责。各部门要落实监管职责，厘清责任链条，细化责任分工，确保工作责任到位、措施到位。出现重大责任事故，卫生健康行政部门同承担主要责任的职能部门依法依规共同承担相应的责任。

（二十四）加大责任追究力度。各地各部门要高度重视医疗卫生行业综合监管制度建设，加强领导、统一部署、协调推进。严肃查处各级政府相关部门责任人员在监管工作中的失职渎职行为，对国家公职人员依照规定给予行政处分，对党员领导干部依照规定给予党纪处分，涉嫌犯罪的，依法移交司法机关追究刑事责任。对发现问题多、社会反映强烈、监管效果不明显的地方、部门和人员严肃追责问责。加大对典型案例的通报力度，形成震慑。

（二十五）建立权威有效的督察机制。建立由国家卫生健康委牵头组织，相关部门参与的医疗卫生行业综合监管督察机制。主要针对各省（自治区、直辖市）有关部门贯彻落实国家医疗卫生行业综合监管相关政策情况、突出问题及处理情况、综合监管责任落实情况、政府分管领导的领导责任落实情况等开展督察，可下沉至部分地市有关部门。每两年左右对各省（自治区、直辖市）督察一遍。对存在突出问题的地方和负有监管职责的有关部门，可不定期开展专项督察。督察结果作为对相关领导干部考核评价任免的重要依据和地区综合治理的重要内容。重大问题报国务院，涉及违纪违法案件线索及时移交相关部门。各地可参照建立相应的督察机制。

（二十六）完善法律法规和标准体系。积极推动医疗卫生领域法律法规的制修订工作。完善医疗卫生执业资格、资源配置、服务质量、医疗卫生机构经济运行等全流程技术标准。针对“互联网+医疗健康”等医疗卫生服务新技术、新设备、新业态等，加快标准制修订。

（二十七）提升信息化水平。基于全民健康信息平台，健全医疗卫生行业综合监管信息系统。加快实现各相关部门、各层级和医疗卫生行业内部各领域监管信息的互联互通和统一应用，实现动态监管。扩大在线监测等的应用范围，推进手持移动执法终端和执法记录仪的应用。强化医疗卫生机构和监管部门网络安全责任，保障信息安全。

（二十八）加强队伍和能力建设。充实医疗卫生行业综合监管力量，加强业务培训，推进综合监管队伍专业化、规范化、职业化。加强卫生健康执法监督体系建设，加强卫生健康监督机构的资源配置及规范化建设，完善依法履职所需的业务用房、设备购置以及执法经费等保障政策，逐步实行卫生健康执法人员职位分级管理制度。加强医疗卫生行业执法监督队伍作风和纪律建设，打造公正廉洁、执法为民、敢于担当的执法监督体系。

（二十九）加强宣传引导。大力宣传医疗卫生行业综合监管的重要作用，动员社会各方共同推进综合监管制度建设。加强舆论引导，广泛宣传先进典型，发挥示范引领作用。

附件：1. 重点任务分工（略）

2. 医疗卫生行业综合监管部门职责分工（略）

国务院办公厅关于全面推进生育保险和职工基本医疗保险合并实施的意见

（2019 年 3 月 6 日　国办发〔2019〕10 号）

各省、自治区、直辖市人民政府，国务院各部委、各直属机构：

全面推进生育保险和职工基本医疗保险（以下统称两项保险）合并实施，是保障职工社会保险待遇、增强基金共济能力、提升经办服务水平的重要举措。根据《中华人民共和国社会保险法》有关规定，经国务院同意，现就两项保险合并实施提出以下意见。

一、指导思想

以习近平新时代中国特色社会主义思想为指导，全面贯彻党的十九大和十九届二中、三中全会精神，认真落实党中央、国务院决策部署，统筹推进“五位一体”总体布局和协调推进“四个全面”战略布局，坚持以人民为中心，牢固树立新发展理念，遵循保留险种、保障待遇、统一管理、降低成本的总体思路，推进两项保险合并实施，实现参保同步登记、基金合并运行、征缴管理一致、监督管理统一、经办服务一体化。通过整合两项保险基金及管理资源，强化基金共济能力，提升管理综合效能，降低管理运行成本，建立适应我国经济发展水平、优化保险管理资源、实现两项保险长期稳定可持续发展的制度体系和运行机制。

二、主要政策

（一）统一参保登记。参加职工基本医疗保险的在职职工同步参加生育保险。实施过程中要完善参保范围，结合全民参保登记计划摸清底数，促进实现应保尽保。

（二）统一基金征缴和管理。生育保险基金并入职工基本医疗保险基金，统一征缴，统筹层次一致。按照用人单位参加生育保险和职工基本医疗保险的缴费比例之和确定新的用人单位职工基本医疗保险费率，个人不缴纳生育保险费。同时，根据职工基本医疗保险基金支出情况和生育待遇的需求，按照收支平衡的原则，建立费率确定和调整机制。

职工基本医疗保险基金严格执行社会保险基金财务制度，不再单列生育保险基金收入，在职工基本医疗保险统筹基金待遇支出中设置生育待遇支出项目。探索建立健全基金风险预警机制，坚持基金运行情况公开，加强内部控制，强化基金行政监督和社会监督，确保基金安全运行。

（三）统一医疗服务管理。两项保险合并实施后实行统一定点医疗服务管理。医疗保险经办机构与定点医疗机构签订相关医疗服务协议时，要将生育医疗服务有关要求和指标增加到协议内容中，并充分利用协议管理，强化对生育医疗服务的监控。执行基本医疗保险、工伤保险、生育保险药品目录以及基本医疗保险诊疗项目和医疗服务设施范围。

促进生育医疗服务行为规范。将生育医疗费用纳入医保支付方式改革范围，推动住院分娩等医疗费用按病种、产前检查按人头等方式付费。生育医疗费用原则上实行医疗保险经办机构与定点医疗机构直接结算。充分利用医保智能监控系统，强化监控和审核，控制生育医疗费用不合理增长。

（四）统一经办和信息服务。两项保险合并实施后，要统一经办管理，规范经办流程。经办管理统一由基本医疗保险经办机构负责，经费列入同级财政预算。充分利用医疗保险信息系统平台，实行信息系统一体化运行。原有生育保险医疗费用结算平台可暂时保留，待条件成熟后并入医疗保险结算平台。完善统计信息系统，确保及时全面准确反映生育保险基金运行、待遇享受人员、待遇支付等方面情况。

（五）确保职工生育期间的生育保险待遇不变。生育保险待遇包括《中华人民共和国社会保险法》规定的生育医疗费用和生育津贴，所需资金从职工基本医疗保险基金中支付。生育津贴支付期限按照《女职工劳动保护特别规定》等法律法规规定的产假期限执行。

（六）确保制度可持续。各地要通过整合两项保险基金增强基金统筹共济能力；研判当前和今后人口形势对生育保险支出的影响，增强风险防范意识和制度保障能力；按照“尽力而为、量力而行”的原则，坚持从实际出发，从保障基本权益做起，合理引导预期；跟踪分析合并实施后基金运行情况和支出结构，完善生育保险监测指标；根据生育保险支出需求，建立费率动态调整机制，防范风险转嫁，实现制度可持续发展。

三、保障措施

（一）加强组织领导。两项保险合并实施是党中央、国务院作出的一项重要部署，也是推动建立更加公平更可持续社会保障制度的重要内容。各省（自治区、直辖市）要高度重视，加强领导，有序推进相关工作。国家医保局、财政部、国家卫生健康委要会同有关方面加强工作指导，及时研究解决工作中遇到的困难和问题，重要情况及时报告国务院。

（二）精心组织实施。各地要高度重视两项保险合并实施工作，按照本意见要求，根据当地生育保险和职工基本医疗保险参保人群差异、基金支付能力、待遇保障水平等因素进行综合分析和研究，周密组织实施，确保参保人员相关待遇不降低、基金收支平衡，保证平稳过渡。各省（自治区、直辖市）要加强工作部署，督促指导各统筹地区加快落实，2019 年底前实现两项保险合并实施。

（三）加强政策宣传。各统筹地区要坚持正确的舆论导向，准确解读相关政策，大力宣传两项保险合并实施的重要意义，让社会公众充分了解合并实施不会影响参保人员享受相关待遇，且有利于提高基金共济能力、减轻用人单位事务性负担、提高管理效率，为推动两项保险合并实施创造良好的社会氛围。

国家发展和改革委员会 国家卫生和计划生育委员会 人力资源和社会保障部 工业和信息化部 财政部 商务部 食品药品监督管理总局关于印发推进药品价格改革意见的通知

（2015 年 5 月 4 日 发改价格〔2015〕904 号）

各省、自治区、直辖市发展改革委、物价局、卫生计生委（局）、人力资源社会保障厅（局）、工业和信息化厅（局）、财政厅（局）、商务厅（局）、食品药品监管局：

根据党的十八届三中全会精神和医药卫生体制改革的总体要求，国家发展改革委、国家卫生计生委、人力资源社会保障部、工业和信息化部、财政部、商务部、食品药品监管总局制定了《推进药品价格改革的意见》，经国务院同意，现印发你们，请遵照执行，并就有关事项通知如下：

一、自 2015 年 6 月 1 日起，除麻醉药品和第一类精神药品外，取消原政府制定的药品价格。麻醉、第一类精神药品仍暂时由国家发展改革委实行最高出厂价格和最高零售价格管理。

二、此前有关药品价格管理政策规定，凡与本通知规定不符的一律废止，以本通知规定为准。

三、各地价格、卫生计生、人力资源社会保障等部门要按照《推进药品价格改革的意见》，研究制定具体政策措施，强化医药费用和价格行为综合监管，做好政策解读和舆论引导工作，确保改革顺利推进。

附件：推进药品价格改革的意见

附件

推进药品价格改革的意见

推进药品价格改革、建立科学合理的药品价格形成机制是推进价格改革的重要内容，也是深化医药卫生体制改革的重要任务，对于加快完善现代市场体系和转变政府职能，促进医疗卫生事业和医药产业健康发展，满足人民群众不断增长的医疗卫生需求，减轻患者不合理的医药费用负担，具有重要意义。为加快推进药品价格改革，经国务院同意，现提出以下意见：

一、总体要求

深入贯彻落实党的十八大和十八届二中、三中、四中全会精神，认真落实党中央、国务院决策部署，按照使市场在资源配置中起决定性作用和更好发挥政府作用的要求，逐步建立以市场为主导的药品价格形成机制，最大限度减少政府对药品价格的直接干预。坚持放管结合，强化价格、医保、招标采购等政策的衔接，充分发挥市场机制作用，同步强化医药费用和价格行为综合监管，有效规范药品市场价格行为，促进药品市场价格保持合理水平。

二、改革药品价格形成机制

除麻醉药品和第一类精神药品外，取消药品政府定价，完善药品采购机制，发挥医保控费作用，药品实际交易价格主要由市场竞争形成。其中：

（一）医保基金支付的药品，由医保部门会同有关部门拟定医保药品支付标准制定的程序、依据、方法等规则，探索建立引导药品价格合理形成的机制。

（二）专利药品、独家生产药品，建立公开透明、多方参与的谈判机制形成价格。

（三）医保目录外的血液制品、国家统一采购的预防免疫药品、国家免费艾滋病抗病毒治疗药品和避孕药具，通过招标采购或谈判形成价格。

（四）麻醉药品和第一类精神药品，仍暂时实行最高出厂价格和最高零售价格管理。

（五）其他药品，由生产经营者依据生产经营成本和市场供求情况，自主制定价格。

三、强化医药费用和价格行为综合监管

推进药品价格改革必须发挥政府、市场“两只手”作用，建立科学合理的价格形成机制。取消药品政府定价后，要充分借鉴国际经验，做好与药品采购、医保支付等改革政策的衔接，强化医药费用和价格行为综合监管。按照“统筹考虑、稳步推进”的要求，重点从以下四个方面加强监管，促进建立正常的市场竞争机制，引导药品价格合理形成。

（一）完善药品采购机制。卫生计生部门要按照规范公立医院和基层医疗卫生机构药品采购的相关要求和措施，坚持药品集中采购方向，根据药品特性和市场竞争情况，实行分类采购，促进市场竞争，合理确定药品采购价格。要调动医疗机构、药品生产经营企业、医保经办机构等多方参与积极性，引导各类市场主体有序竞争。

（二）强化医保控费作用。医保部门要会同有关部门，在调查药品实际市场交易价格基础上，综合考虑医保基金和患者承受能力等因素制定医保药品支付标准。在新的医保药品支付标准制定公布前，医保基金暂按现行政策支付。做好医保、招标采购政策的衔接配合，促进医疗机构和零售药店主动降低采购价格。定点医疗机构和药店应向医保、价格等部门提交药品实际采购价格、零售价格以及采购数量等信息。同步推进医保支付方式改革，建立医疗机构合理用药、合理诊疗的内在激励机制，减轻患者费用负担。人力资源社会保障部、卫生计生委要会同有关部门在 2015 年 9 月底前出台医保药品支付标准制定规则。

（三）强化医疗行为监管。卫生计生部门要建立科学合理的考核奖惩制度，加强医疗机构诊疗行为管理，控制不合理使用药品医疗器械以及过度检查和诊疗，强化医药费用控制。要逐步公开医疗机构诊疗门（急）诊次均费用、住院床日费用、检查检验收入占比等指标，并纳入医疗机构目标管理责任制和绩效考核目标。加快药品供应保障信息平台建设，促进价格信息公开。

（四）强化价格行为监管。价格主管部门要通过制定药品价格行为规则，指导生产经营者遵循公平、合法和诚实信用的原则合理制定价格，规范药品市场价格行为，保护患者合法权益。要健全药品价格监测体系，探索建立跨部门统一的信息平台，掌握真实交易价格数据，重点做好竞争不充分药品出厂（口岸）价格、实际购销价格的监测和信息发布工作，对价格变动频繁、变动幅度较大，或者与国际价格、同类品种价格以及不同地区间价格存在较大差异的，要及时研究分析，必要时开展成本价格专项调查。要充分发挥 12358 全国价格举报管理信息系统的作用，建立全方位、多层次的价格监督机制，正面引导市场价格秩序。对价格欺诈、价格串通和垄断行为，依法严肃查处。

此外，有关部门要认真履行监管职责，加强对药品生产、流通、使用的全过程监管，切实保障药品质量和用药安全。

四、加强组织实施

（一）强化组织领导。各地区、各有关部门要充分认识推进药品价格改革的重要性和紧迫性，进一步统一思想，加强领导，周密部署。各地要制定具体实施细则，细化政策措施，确保改革取得实效。各有关部门要强化协作配合，加强对地方改革工作的督促指导，确保改革扎实有序推进。

（二）建立评估机制。药品价格改革与群众切身利益密切相关，政策性强、涉及面广。各地要建立药品价格改革评估机制，加强对改革的跟踪评估，及时总结经验、完善政策。要密切关注改革后药品价格和医药费用变化情况，对改革中出现的新问题要及时研究提出解决的政策措施。

（三）加强宣传引导。各地要通过多种方式，做好宣传解释工作，向广大群众解释清楚药品价格改革的意义、内容和预期目标，及时回应社会关注的热点问题，争取社会各界的理解支持，凝聚各方共识，形成改革合力，确保改革顺利推进。

国家发展和改革委员会　国家卫生和计划生育委员会　人力资源和社会保障部　财政部关于印发推进医疗服务价格改革意见的通知

（2016 年 7 月 1 日　发改价格〔2016〕1431 号）

各省、自治区、直辖市发展改革委、物价局、卫生计生委（局）、人力资源社会保障厅（局）、财政厅（局）：

根据党的十八大和十八届三中、四中、五中全会精神以及深化医药卫生体制改革的总体部署，国家发展改革委、国家卫生计生委、人力资源社会保障部、财政部制定了《推进医疗服务价格改革的意见》，经国务院同意，现印发你们，请遵照执行，并就有关事项通知如下：

一、各地价格、卫生计生、人力资源社会保障、财政等部门要按照《推进医疗服务价格改革的意见》的要求，积极稳妥推进改革。要抓紧制定改革具体实施方案，明确部门分工，加强政策衔接，做好政策解读和舆论引导工作，形成改革合力，确保改革平稳实施。

二、各地要按照“总量控制、结构调整、有升有降、逐步到位”的原则，统筹考虑各方面承受能力，合理制定和调整医疗服务价格，逐步理顺医疗服务比价关系，并与医保支付、医疗控费政策同步实施，确保群众费用负担总体不增加。

三、此前有关医疗服务价格管理政策规定，凡与本通知不符的，以本通知规定为准。

附件：推进医疗服务价格改革的意见

附件

推进医疗服务价格改革的意见

推进医疗服务价格改革，是价格机制改革和深化医药卫生体制改革的重要任务，对推动医疗机构建立科学合理补偿机制，促进医药卫生事业健康发展具有重要作用。近年来，各地结合实际规范医疗服务价格管理，调整医疗服务价格，取得了积极成效。但医疗服务价格尚未理顺，管理方式仍需改进，价格行为有待进一步规范。为深入推进医疗服务价格改革，经国务院同意，现提出以下意见。

一、指导思想、基本原则和主要目标

（一）指导思想。全面贯彻党的十八大和十八届三中、四中、五中全会精神，按照党中央、国务院的决策部署，牢固树立并切实贯彻创新、协调、绿色、开放、共享的发展理念，紧紧围绕深化医药卫生体制改革目标，按照“总量控制、结构调整、有升有降、逐步到位”要求，积极稳妥推进医疗服务价格改革，合理调整医疗服务价格，同步强化价格与医疗、医保、医药等相关政策衔接联动，逐步建立分类管理、动态调整、多方参与的价格形成机制，确保医疗机构良性运行、医保基金可承受、群众负担总体不增加。

（二）基本原则。

坚持调放结合。按照公立医院综合改革要求，科学核算医疗服务成本，控制医药费用总量，优化医药费用结构，逐步理顺医疗服务比价关系，体现医务人员技术劳务价值。合理确定医疗服务政府定价范围，充分发挥行业监管、医保控费和市场机制作用，引导价格合理形成。

坚持协同配套。与公立医院补偿机制、公立医疗机构薪酬制度、药品流通体制、医保支付、分级诊疗、医疗行为监管等改革协同推进、衔接配套，增强改革的整体性、系统性和协同性，形成政策合力。

坚持统筹兼顾。落实政府投入责任，正确处理好完善公立医院补偿机制、保障医保基金运行安全、提高群众受益水平的关系，统筹考虑各方面利益，切实保障困难群众的基本医疗需求。

坚持稳步推进。加强整体谋划，把握好时机、节奏和力度，分步实施，有序推进，及时完善政策，确保改革平稳实施，防止价格异常波动、诱发社会不稳定因素。

（三）主要目标。到 2017 年，逐步缩小政府定价范围，改革医疗服务项目管理，改进价格管理方式，结合公立医院综合改革同步调整医疗服务价格。到 2020 年，逐步建立以成本和收入结构变化为基础的价格动态调整机制，基本理顺医疗服务比价关系。积极探索建立通过制定医保支付标准引导价格合理形成的机制。

二、主要任务

（一）推进医疗服务价格分类管理。

1. 公立医疗机构提供的基本医疗服务实行政府指导价。对人力消耗占主要成本，体现医务人员技术劳务价值、技术难度和风险程度的医疗服务，公立医院综合改革试点地区可探索由政府主导、利益相关方谈判形成价格的机制。

2. 公立医疗机构提供的特需医疗服务及其他市场竞争比较充分、个性化需求比较强的医疗服务，实行市场调节价。严格控制特需医疗服务规模，提供特需医疗服务的比例不超过全部医疗服务的10%。公立医疗机构实行市场调节价的具体医疗服务项目，由省级价格主管部门会同卫生计生、人力资源社会保障、中医药部门，根据本地区医疗市场发展状况、医疗保障水平等因素确定，并在2016年底前向社会公布。

3. 非公立医疗机构提供的医疗服务，落实市场调节价政策。基本医保基金支付的实行市场调节价的医疗服务，由医保经办机构综合考虑医疗服务成本以及社会各方面承受能力等因素，与医疗机构谈判合理确定医保支付标准，引导价格合理形成。

（二）逐步理顺医疗服务比价关系。围绕公立医院综合改革，统筹考虑取消药品加成及当地政府补偿政策，按照总量控制、结构调整的原则，同步调整医疗服务价格，重点提高诊疗、手术、康复、护理、中医等体现医务人员技术劳务价值的医疗服务价格，降低大型医用设备检查治疗和检验等价格。在此基础上，通过规范诊疗行为，降低药品、耗材等费用腾出空间，动态调整医疗服务价格。实行分级定价，根据医疗机构等级、医师级别和市场需求等因素，对医疗服务制定不同价格，拉开价格差距，引导患者合理就医。做好与医保支付、医疗控费等政策相互衔接，保证患者基本医疗费用负担总体不增加。

（三）改革医疗服务价格项目管理。国家负责制定全国医疗服务项目技术规范，统一项目名称和服务内容，指导医疗机构规范开展服务，并作为确定医疗机构收费项目的依据。各地依据全国医疗服务项目技术规范，确定本地区医疗机构服务收费的具体项目。2020年前，形成全国统一的医疗服务项目技术规范，并实行动态调整。坚持鼓励创新和使用适宜技术相结合的原则，及时受理新增医疗服务项目，简化工作程序，提高工作效率，促进医疗新技术尽早进入临床使用。

（四）推进医疗服务定价方式改革。扩大按病种、按服务单元收费范围，逐步减少按项目收费的数量。到2016年底，城市公立医院综合改革试点地区实行按病种收费的病种不少于100个。各地可结合本地实际，按照价格法的规定，授权设区市和有条件的县（市）对医疗服务价格进行调整，并做好协调指导和监督管理工作。

（五）加强医疗服务价格监管。对实行政府指导价的医疗服务，要按照“管细、管好、管到位”的要求，加强医疗服务成本监审和价格监测，完善定价过程中公众参与、专家论证制度，主动接受社会监督。对实行市场调节价的医疗服务，医疗机构要遵循公平、合法和诚实信用的原则，合理制定和调整价格，并保持相对稳定。加强医药费用控制，各地要综合考虑经济发展水平、基本医疗保障和群众承受能力等因素，合理确定本地区医药费用总量，明确控费指标，确保区域内医疗费用不合理增长得到有效控制。建立全方位、多层次的价格监督机制，发挥12358全国价格监管平台作用，依法严肃查处各种乱收费行为。

三、保障措施

（一）明确部门分工。各有关部门要按照推进医疗服务价格改革要求和职责分工，及时细化落实改革措施。价格主管部门会同有关部门统筹研究制定医疗服务价格改革政策，建立多种形式并存的定价方式，合理确定和调整医疗服务项目及价格，强化价格行为监管。卫生计生行政部门（含中医药管理部门）会同有关部门制定全国医疗服务项目技术规范，加强行业监管和医疗机构内部管理，制定规范医疗服务行为、控制医疗费用不合理增长的政策措施，在2016年底前建立健全公立医疗机构医疗总费用、次均（床日）费用、检查检验收入占比、药占比、门诊和住院人次等指标定期通报制度，督促落实医疗服务价格公示制度、费用清单制度，强化社会监督和医疗机构控费意识。人力资源社会保障、卫生计生部门要做好医保与价格政策的衔接配合，加强医保对医疗服务行为的监管，并会同财政等有关部门积极推进医保支付方式改革，加强费用控制，制定医保支付标准的政策措施。

（二）协同推进改革。各有关部门要按照深化医药卫生体制改革要求，加快药品流通体制、医保支付制度、公立医疗机构薪酬制度和分级诊疗制度等改革，推动建立经营规范、竞争有序、服务高效的药品流通新秩序和合理用药、合理诊疗的医疗机构内在激励约束机制，切实减轻患者费用负担。各地价格、卫生计生、人力资源社会保障和中医药等部门要密切配合、相互协作，共同研究制定医疗服务价格改革具体方案，出台医疗服务价格改革政策时，同时公布医保支付和医疗控费等措施。

（三）鼓励探索创新。鼓励地方按照医疗服务价格改革的总体要求和目标任务，在推进医疗服务定价方式改革、医保支付方式改革以及控制医药费用、强化社会监督、发挥商业保险作用等方面大胆探索，勇于创新，积累经验，促进改革整体推进。充分发挥第三方在规范医疗服务项目、核算医疗服务成本和开展政策评估等方面的技术支撑作用，促进医疗服务价格管理更加客观、公正、规范、透明。

（四）做好跟踪评估。各地要建立医疗服务价格改革的督导、考核和评估机制，加强对改革进展和效果的跟踪评价，及时总结经验、完善政策，推广好的做法。要密切关注改革后医药费用变化情况，防止出现其他方面未见到实际效果，医疗服务价格却大幅上升，群众和全社会医疗负担加重的问题。对改革中出现的新问题，要及时研究分析，提出解决措施。要建立应急处置工作预案，第一时间研究处理社会反映的问题。

（五）加强舆论宣传。强化政策宣传和舆论引导，及时准确解读医疗服务价格改革政策措施，合理引导社会预期，积极回应社会关切，争取社会各界的理解和支持，引导广大医务人员积极参与，凝聚各方共识，为改革创造良好环境，确保改革顺利推进。医疗服务价格改革涉及面广、影响大、情况复杂，各地区、各有关部门要充分认识改革的重要性、艰巨性和复杂性，加强领导，落实责任，精心组织实施。国家发展改革委会同有关部门对改革落实情况加强监督检查，改革中出现的重大情况，各地要及时报告。

附表：部分重点工作任务分工及进度安排表（略）

财政部　人力资源社会保障部 国家卫生计生委关于加强基本医疗保险基金预算管理发挥医疗保险基金控费作用的意见

（2016 年 12 月 29 日　财社〔2016〕242 号）

各省、自治区、直辖市财政厅（局）、人力资源和社会保障厅（局）、卫生计生委，财政部驻各省、自治区、直辖市财政监察专员办事处：

我国基本医疗保险制度自建立以来，覆盖范围不断扩大，保障水平逐步提高，在保障参保人员基本医疗需求、提高群众健康水平等方面发挥了重要作用，但也面临医疗费用不合理增长、基金运行压力增大等问题，存在中长期不可持续的风险。不合理增长的医疗费用部分抵消了政府投入的效果，加重了社会和个人负担。为加强基本医疗保险基金收支预算管理，控制医疗费用不合理增长，减轻个人负担，确保基本医疗保险制度和基金可持续运行，根据《预算法》《社会保险法》和国务院有关规定，现提出如下意见。

一、加强基本医疗保险基金收支预算管理

（一）科学编制收支预算。各统筹地区要严格按照“以收定支、收支平衡、略有结余”的原则编制收支预算。根据缴费基数（或缴费标准）、缴费率、参保人数等因素，全面、准确、完整编制基本医疗保险基金收入预算。地方各级财政部门要按照规定足额安排行政事业单位参加基本医疗保险单位缴费支出预算；要按照不低于国家规定标准以及中央和地方分担比例，足额安排政府对城乡居民基本医疗保险参保居民的补助支出预算。综合考虑以前年度支出规模、本地医疗费用水平、医疗费用控制目标、参保人员年龄结构、享受待遇人数、待遇政策调整等因素编制年度支出预算。原则上不应编制当年赤字预算，不得编制基金历年累计结余赤字预算。除基本医疗保险待遇支出、用于大病保险支出、转移支出、上解上级支出、补助下级支出外，原则上不应编制其他支出预算。确需编制其他支出预算或编制预算时需动用历年累计结余弥补当年支出的，需符合社会保险基金财务制度有关规定，并作出详细说明，报同级人民政府审批。各地要在做好年度预算工作基础上，根据国家关于社会保险基金预算和中期财政规划具体部署和安排，结合地方中期财政规划，做好基本医疗保险基金中期收支测算工作。

（二）依法足额征收保费。各统筹地区要进一步扩大基本医疗保险覆盖范围，确保应保尽保。要加强和规范职工基本医疗保险费征收管理，做好缴费基数核定和日常稽核等工作，确保依法按时足额征收职工基本医疗保险费。要按照不低于国家规定的标准足额征收城乡居民基本医疗保险个人缴费，逐步建立个人缴费标准与城乡居民可支配收入相衔接机制，稳步提高个人缴费占总体筹资的比重。统筹地区财政部门要按规定及时将各级财政安排的城乡居民基本医疗保险补助资金拨付至社会保险基金财政专户。加大监督检查力度，进一步提高征收率，杜绝违规缓缴、减免和拖欠等行为，确保应收尽收。

（三）规范个人账户支出。加强职工基本医疗保险个人账户支出管理，个人账户原则上不得用于非医疗支出。逐步优化统账结构，提高统筹基金共济和支付能力。同步改革门诊费用支付方式，开展门诊费用统筹，逐步提高门诊大病及慢性病保障水平，确保参保人员门诊保障水平不降低。

（四）完善待遇支付政策。基本医疗保险待遇标准要与筹资水平及当地经济发展水平相适应。提高基本医疗保障水平不应超过基本医疗保险基金承受能力。在确保基金收支平衡的前提下，合理提高基本医疗保险报销封顶线，全面实施城乡居民大病保险和重特大疾病医疗救助，切实落实各项制度保障责任，做好政策衔接，形成制度合力，稳步提高大病保障水平，缓解因病致贫、因病返贫。结合推进分级诊疗制度建设，完善参保人员在不同层级医疗机构就医的差别化支付政策，充分发挥基本医疗保险支付政策的引导约束作用，促进患者有序流动。适当提高基层医疗卫生机构政策范围内医疗费用报销比例，对符合规定的转诊住院患者可以连续计算起付线。合理拉开基层、县级和城市大医院间报销水平差距，引导参保患者有序就诊，减少无序就医造成的不必要支出。

（五）坚持基金精算平衡。地方各级人力资源社会保障、卫生计生、财政等部门要开展基本医疗保险基金中长期精算，并于每年 6 月底前完成上年度精算报告。参考精算结果，及时完善本地区基本医疗保险实施办法，确保基金精算平衡。

二、严格基本医疗保险基金预算执行

（一）严格收支预算执行。基本医疗保险基金预算应严格按照批准的预算和规定的程序执行，不得随意调整。基本医疗保险经办机构应按规定报告预算执行情况。在执行中因特殊情况需要增加支出或减少收入，应当编制基本医疗保险基金预算调整方案，按社会保险基金预算调整程序经批准后执行。

（二）实施全程实时监控。各统筹地区要按照国家统一规划和部署，完善医疗保险信息系统，对定点医疗机构医疗费用实行事前提醒、事中监控、事后审核的全程实时监管。重点对药品、高值医用耗材使用情况及大型医用设备检查等医疗行为进行跟踪监测评估，及时发现违规行为，并依据《社会保险法》《执业医师法》《医疗机构管理条例》等有关法律法规和定点协议对相关医疗机构及医务人员作出相应处罚，促进诊疗行为规范，防止发生不合理医疗费用支出。

（三）做好相关信息披露。推进基本医疗保险基金预算及执行情况向社会公开。基本医疗保险经办机构要按规定公开参保人员医疗保险待遇政策及享受情况等信息，接受社会各界的监督。定点医疗机构要按规定及时公开医院收支情况、医药价格、次均门诊及住院费用、主要病种例均费用等信息，各级卫生计生、人力资源社会保障等部门要对各定点医疗机构费用指标进行排序，定期公布排序结果。

三、实施基本医疗保险支付方式改革

（一）全面改革支付方式。各统筹地区要结合本地实际，全面实施以总额预算为基础，门诊按人头付费，住院按病种、按疾病诊断相关分组（DRGs）、按床日付费等多种方式相结合，适应不同人群、不同疾病及医疗服务特点的复合支付方式，逐步减少按项目付费，将支付方式改革覆盖所有医疗机构和医疗服务。充分发挥基本医疗保险激励约束和控制医疗费用不合理增长作用，促进医疗机构和医务人员主动控制成本和费用，提高医疗资源和基金使用效率，从源头上减轻参保人员医药费用负担。各统筹地区要按要求制定出台全面推进基本医疗保险支付方式改革实施方案，要对支付方式改革效果进行定期评估，并及时改进完善。各省级人力资源社会保障、卫生计生部门要通过设立专家库、改革案例库等方式，加强对统筹地区的指导。

（二）建立质量控制机制。完善服务协议管理和定点医疗机构考核办法，在全面改革支付方式的同时，建立健全对定点医疗机构服务数量及质量的考核评价机制。适应不同支付方式的特点，完善考核办法，并将考核结果与基金支付挂钩，避免医疗机构为控制成本推诿病人、减少必要服务或降低服务质量。

（三）建立激励约束机制。建立健全“结余留用、合理超支分担”的激励约束机制，激励医疗机构提高服务效率和质量。实行按病种付费、按人头付费、按床日付费等支付方式的地区，医疗机构实际发生费用低于约定支付标准的，结余部分由医疗机构留用；实际费用超过约定支付标准的，超出部分由医疗机构承担，对于合理超支部分，可在协商谈判基础上，由医疗机构和医疗保险基金分担。

（四）建立谈判协商机制。统筹地区人力资源社会保障、卫生计生、财政等相关部门应指导基本医疗保险经办机构与定点医疗机构建立谈判协商机制，鼓励参保人员代表参与谈判协商过程。支付方式改革方案要确保医疗保险基金可承受、群众负担总体不增加、医疗机构有激励。坚持公平、公正、公开，要确保定点医疗机构参与支付方式改革方案制定及实施全过程。

（五）同步推进配套改革。按照国务院统一部署，大力推动医保、医疗、医药“三医”联动改革，加快推进公立医院和基层医疗卫生机构体制机制改革，改革医疗服务价格形成机制，制定医疗保险药品支付标准，大力整顿药品生产流通秩序，采取综合措施，有效控制医疗费用不合理增长。

四、加强考核通报和组织实施

（一）建立绩效考核机制。各地要加强对基本医疗保险经办机构的绩效考核，将预算编制、费用控制、服务质量等纳入考核范围，促使其工作重心从审核报销向费用控制、加强收支预算管理、提高服务质量转移。鼓励各统筹地区探索建立与基本医疗保险经办机构工作绩效挂钩的激励机制。

（二）建立表扬通报机制。“十三五”期间，财政部、人力资源社会保障部、国家卫生计生委将联合对各地加强收支预算管理、推进支付方式改革、控制医疗费用不合理增长等情况进行考核（考核指标见附件），对工作推进快、成效好的省份予以通报表扬，对工作进度滞后的省份予以通报批评。将通报考核内容纳入财政部驻各省（区、市）财政监察专员办事处审核范围。

（三）做好组织实施工作。各地要充分认识加强基本医疗保险基金预算管理、控制医疗费用不合理增长的重要性和紧迫性，将此项工作作为今后一段时间完善医疗保险制度、深化医药卫生体制改革的重点任务抓好落实。要明确各自职责，加强协同配合，及时研究解决重大问题，形成工作合力。要加强政策解读和舆论引导，妥善回应社会关切，争取各方理解和支持。省级财政、人力资源社会保障、卫生计生等部门要加强对统筹地区的指导，按要求向财政部、人力资源社会保障部、国家卫生计生委等部门报送基本医疗保险基金运行及控制医疗费用不合理增长等有关情况。本意见自2017年1月1日起施行。

附件：考核指标（略）

企业职工生育保险试行办法

（1994年12月14日　劳部发〔1994〕504号）

第一条　为了维护企业女职工的合法权益，保障她们在生育期间得到必要的经济补偿和医疗保健，均衡企业间生育保险费用的负担，根据有关法律、法规的规定，制定本办法。

第二条　本办法适用于城镇企业及其职工。

第三条　生育保险按属地原则组织。生育保险费用实行社会统筹。

第四条　生育保险根据“以支定收，收支基本平衡”的原则筹集资金，由企业按照其工资总额的一定比例向社会保险经办机构缴纳生育保险费，建立生育保险基金。生育保险费的提取比例由当地人民政府根据计划内生育人数和生育津贴、生育医疗费等项费用确定，并可根据费用支出情况适时调整，但最高不得超过工资总额的百分之一。企业缴纳的生育保险费作为期间费用处理，列入企业管理费用。

职工个人不缴纳生育保险费。

第五条　女职工生育按照法律、法规的规定享受产假。产假期间的生育津贴按照本企业上年度职工月平均工资计发，由生育保险基金支付。

第六条　女职工生育的检查费、接生费、手术费、住院费和药费由生育保险基金支付。超出规定的医疗服务费和药费（含自费药品和营养药品的药费）由职工个人负担。

女职工生育出院后，因生育引起疾病的医疗费，由生育保险基金支付；其他疾病的医疗费，按照医疗保险待遇的规定办理。女职工产假期满后，因病需要休息治疗的，按照有关病假待遇和医疗保险待遇规定办理。

第七条 女职工生育或流产后，由本人或所在企业持当地计划生育部门签发的计划生育证明，婴儿出生、死亡或流产证明，到当地社会保险经办机构办理手续，领取生育津贴和报销生育医疗费。

第八条 生育保险基金由劳动部门所属的社会保险经办机构负责收缴、支付和管理。

生育保险基金应存入社会保险经办机构在银行开设的生育保险基金专户。银行应按照城乡居民个人储蓄同期存款利率计息，所得利息转入生育保险基金。

第九条 社会保险经办机构可从生育保险基金中提取管理费，用于本机构经办生育保险工作所需的人员经费、办公费及其他业务经费。管理费标准，各地根据社会保险经办机构人员设置情况，由劳动部门提出，经财政部门核定后，报当地人民政府批准。管理费提取比例最高不得超过生育保险基金的百分之二。

生育保险基金及管理费不征税、费。

第十条 生育保险基金的筹集和使用，实行财务预、决算制度，由社会保险经办机构作出年度报告，并接受同级财政、审计监督。

第十一条 市（县）社会保险监督机构定期监督生育保险基金管理工作。

第十二条 企业必须按期缴纳生育保险费。对逾期不缴纳的，按日加收千分之二的滞纳金。滞纳金转入生育保险基金。滞纳金计入营业外支出，纳税时进行调整。

第十三条 企业虚报、冒领生育津贴或生育医疗费的，社会保险经办机构应追回全部虚报、冒领金额，并由劳动行政部门给予处罚。

企业欠付或拒付职工生育津贴、生育医疗费的，由劳动行政部门责令企业限期支付；对职工造成损害的，企业应承担赔偿责任。

第十四条 劳动行政部门或社会保险经办机构的工作人员滥用职权、玩忽职守、徇私舞弊，贪污、挪用生育保险基金，构成犯罪的，依法追究刑事责任；不构成犯罪的，给予行政处分。

第十五条 省、自治区、直辖市人民政府劳动行政部门可以按照本办法的规定，结合本地区实际情况制定实施办法。

第十六条 本办法自 1995 年 1 月 1 日起试行。

人力资源和社会保障部　财政部 国务院国有资产监督管理委员会 监察部关于妥善解决关闭破产国有企业退休人员等医疗保障有关问题的通知

（2009 年 5 月 27 日　人社部发〔2009〕52 号）

各省、自治区、直辖市人力资源社会保障（劳动保障）厅（局）、财政厅（局）、国资委、监察厅（局），新疆生产建设兵团劳动保障局、财务局、国资委、监察局，安徽、福建、贵州省经贸委（经委）：

党中央、国务院高度重视关闭破产企业退休人员医疗保障问题，地方各级党委、政府积极采取各种措施，做了大量工作，取得了积极的成效。为贯彻《中共中央　国务院关于深化医药卫生体制改革的意见》（中发〔2009〕6 号）精神、落实《国务院关于印发医药卫生体制改革近期重点实施方案（2009—2011 年）的通知》（国发〔2009〕12 号）要求，在妥善解决地方政策性关闭破产国有企业退休人员参保问题的基础上，彻底解决其他关闭破产企业退休人员参保等问题，经国务院同意，现就有关问题通知如下：

一、各地要认真按照中发〔2009〕6号和国发〔2009〕12号文件要求，采取切实有效措施，于2009年底前将未参保的关闭破产国有企业退休人员纳入当地城镇职工基本医疗保险。同时，统筹解决包括关闭破产集体企业退休人员和困难企业职工等在内的其他各类城镇人员医疗保障问题，切实保障他们的基本医疗需求。

二、各地要通过多渠道筹资的办法，妥善解决关闭破产国有企业退休人员参加城镇职工基本医疗保险所需资金。在企业实施关闭破产时，要按照《企业破产法》相关规定，通过企业破产财产偿付退休人员参保所需费用。企业破产财产不足偿付的，可以通过未列入破产财产的土地出让所得、财政补助、医疗保险基金结余调剂等多渠道筹资解决。省级政府对困难市、县应给予帮助和支持。地方各级政府安排用于帮助解决关闭破产企业退休人员参保的补助资金，可分年到位。对地方依法破产国有企业退休人员参加城镇职工基本医疗保险，中央财政按照“奖补结合”原则给予一次性补助。今后，各地要严格执行《企业破产法》等法律法规，妥善解决关闭破产企业退休人员参保所需资金，中央财政不再给予补助。

三、各地要认真落实《国务院办公厅转发国家经贸委等部门关于解决国有困难企业和关闭破产企业职工基本生活问题若干意见的通知》（国办发〔2003〕2号），将中央和中央下放地方政策性关闭破产国有企业退休人员及其参保所筹集资金纳入属地城镇职工基本医疗保险体系统一管理，不得单独管理、封闭运行。退休人员基本医疗待遇与原所属企业（或企业集团）脱钩，统筹地区应按规定确保退休人员享受当地城镇职工基本医疗保险的相关待遇。中央财政在按国办发〔2003〕2号文件规定安排补助的基础上，对中央和中央下放地方政策性关闭破产国有企业退休人员参加城镇职工基本医疗保险，给予一次性补助。

四、各地要制定具体的实施办法，切实将目前尚未参保的、关闭破产集体企业等其他各类关闭破产企业退休人员和困难企业职工纳入城镇职工基本医疗保险。中央财政对此项工作做得好的地区，通过以奖代补的方式给予一次性补助。对确有困难、难以参加城镇职工基本医疗保险的，经省级人民政府批准纳入城镇居民基本医疗保险，中央财政按照城镇居民基本医疗保险有关规定给予补助。省级人民政府要明确参加城镇居民基本医疗保险企业的具体标准和审批程序，省级人力资源社会保障等部门要认真按照规定严格组织实施，防止有缴费能力的企业逃避参加城镇职工基本医疗保险的缴费责任，损害退休人员和职工权益。到2010年底前，基本解决所有关闭破产企业退休人员和困难企业职工的参保问题。

五、各地要加快城镇职工基本医疗保险和城镇居民基本医疗保险的扩面进度，确保实现到2011年底城镇职工基本医疗保险、城镇居民基本医疗保险参保率均达到90%以上的目标。要继续贯彻落实《国务院关于建立城镇职工基本医疗保险制度的决定》（国发〔1998〕44号）及其他相关文件精神，大力推进解决城镇非公有制经济组织从业人员、灵活就业人员、就业困难人员参保问题，将本行政区域内各类机关事业单位和企业单位及其职工全部纳入属地城镇职工基本医疗保险。同时，要按照《人力资源社会保障部　财政部关于全面开展城镇居民基本医疗保险工作的通知》（人社部发〔2009〕35号）要求，全面推开城镇居民基本医疗保险制度，切实将城镇非就业居民纳入城镇居民基本医疗保险。中央财政将根据各地实际参保率，与各类关闭破产企业退休人员和困难企业职工参保情况一并进行考核，通过以奖代补给予补助。

六、各地要认真履行职责，切实抓好贯彻落实。各省、自治区、直辖市人民政府要切实承担责任，进一步明确政策，制定周密详尽、切实可行的工作方案，切实加大对统筹地区的工作指导力度，确保专款专用和工作目标的实现。为强化工作责任，明确工作要求，人力资源社会保障部、财政部、国务院国资委、监察部将与各省、自治区、直辖市人民政府签订工作目标协议书。各统筹地区人民政府要精心组织，制订具体实施计划，确保按期完成工作任务。地方各级政府要积极调整支出结构，努力通过多渠道方式筹措所需资金，确保资金到位。到 2011 年底，东、中、西部省份解决关闭破产国有企业退休人员参保问题地方政府所需筹集资金到位率要分别达到 50%、40%、30%。地方各级政府在分配上级和本级财政补助资金时，要对关闭破产企业退休人员和困难企业职工参保任务重、财力困难的地区给予倾斜。各省、自治区、直辖市人民政府要发挥监督和协调作用，督促落实各项政策。中央有关部门将对各地落实本通知的情况适时进行督查。

人力资源和社会保障部关于普遍开展城镇居民基本医疗保险门诊统筹有关问题的意见

（2011 年 5 月 24 日　人社部发〔2011〕59 号）

各省、自治区、直辖市人力资源社会保障厅（局），新疆生产建设兵团劳动保障局：

近年来，部分地区积极开展城镇居民基本医疗保险（以下简称居民医保）门诊统筹工作，减轻了居民门诊医疗费用负担，增强了制度保障能力，受到群众广泛欢迎。按照国务院办公厅医药卫生体制五项重点改革 2011 年主要安排的要求，今年要普遍开展居民医保门诊统筹工作。现就有关问题提出以下意见：

一、充分认识门诊统筹的重要意义

普遍开展居民医保门诊统筹是提高医疗保障水平的重要举措，有利于拓宽保障功能，减轻群众门诊医疗费用负担；是完善医疗保险管理机制的重要内容，有利于整体调控卫生资源，提高保障绩效；是落实“保基本、强基层、建机制”要求的重要抓手，有利于支持基层医疗机构建设，促进基本药物制度实施，推动医药卫生体制各项改革协调发展。

开展门诊统筹要坚持以下原则：坚持基本保障，重点保障群众负担较重的门诊多发病、慢性病，避免变成福利补偿；坚持社会共济，实现基金调剂使用和待遇公平；坚持依托基层医疗卫生资源，严格控制医疗服务成本，提高基金使用效率。

各地要统一思想，落实责任，加强组织实施，确保完成今年普遍开展门诊统筹的工作任务。要按照《关于开展城镇居民基本医疗保险门诊统筹的指导意见》（人社部发〔2009〕66 号）的要求，加强管理，创新机制，努力提高门诊统筹保障绩效。要充分发挥医疗保险在医药卫生体制改革中的重要作用，着眼于调结构、建机制，降低医疗服务成本，优化卫生资源配置。

二、合理确定保障范围和支付政策

门诊统筹所需资金由居民医保基金解决。各地要综合考虑居民医疗需求、费用水平、卫生资源分布等情况，认真测算、合理安排门诊和住院资金。2011 年新增财政补助资金，在保证提高住院医疗待遇的基础上，重点用于开展门诊统筹。

门诊统筹立足保障参保人员基本医疗需求，主要支付在基层医疗卫生机构发生的符合规定的门诊医疗费用，重点保障群众负担较重的多发病、慢性病。困难地区可以从纳入统筹基金支付范围的门诊大病起步逐步拓展门诊保障范围。

合理确定门诊统筹支付比例、起付标准（额）和最高支付限额。对在基层医疗卫生机构发生的符合规定的医疗费用，支付比例原则上不低于 50%；累计门诊医疗费较高的部分，可以适当提高支付比例。对于在非基层医疗机构发生的门诊医疗费用，未经基层医疗机构转诊的原则上不支付。根据门诊诊疗和药品使用特点，探索分别制定诊疗项目和药品的支付办法。针对门诊发生频率较高的特点，可以采取每次就诊定额自付的办法确定门诊统筹起付额。要根据基金承受能力，综合考虑当地次均门诊费用、居民就诊次数、住院率等因素，合理确定门诊统筹最高支付限额，并随着基金承受能力的增强逐步提高。要结合完善就医机制，统筹考虑门诊、住院支付政策，做好相互之间的衔接，提高基金使用效率。

对恶性肿瘤门诊放化疗、尿毒症透析、器官移植术后抗排异治疗、糖尿病患者胰岛素治疗、重性精神病人药物维持治疗等特殊治疗，以及在门诊开展比住院更经济方便的部分手术，要采取措施鼓励患者在门诊就医。各地可以针对这些特殊治疗和手术的特点，单独确定定点医疗机构（不限于基层医疗机构），并参照住院制定相应的管理和支付办法，减轻他们的医疗费用负担。

三、完善医疗服务管理措施

根据门诊保障需要，建立健全适合门诊特点的医疗服务管理和考核体系，加强对门诊就诊率、转诊率、次均费用、费用结构等的考核，规范基层定点医疗机构医疗服务行为。做好与基层医疗服务体系建设、基本药物制度、全科医生制度等其他改革的衔接，做到相互促进。

居民医保门诊统筹执行基本医疗保险药品目录，在定点基层医疗机构保证《国家基本医疗保险药品目录》甲类药品（包括基本药物）的使用。对定点基层医疗机构医保甲类药品的配备和使用要提出明确要求，并纳入定点基层医疗机构考核体系。对部分患者门诊基本医疗必需的乙类药品，有条件的地区可以研究探索制订基层医疗机构医生处方外购药品的支付和管理办法。严格执行政府办基层医疗机构基本药物零差率销售政策，降低药品使用成本。

将一般诊疗费全额纳入医疗保险支付范围，按规定比例予以支付。建立健全门诊统筹诊疗服务规范和监管措施，加强对定点基层医疗机构服务行为监管，合理控制诊疗服务数量和费用，避免分解就诊、重复收费等不规范诊疗行为的发生。

四、创新就医管理和付费机制

创新门诊统筹就医管理和付费机制，管理重点逐步由费用控制向成本控制转变，降低服务成本，提高保障绩效。要充分利用基层医疗机构，引导群众基层就医，促进分级医疗体系形成。发挥医疗保险对卫生资源的调控作用，合理使用门诊和住院资源，降低住院率，从总体上控制医疗费用。

积极探索基层首诊和双向转诊就医管理机制。确定首诊基层医疗机构要综合考虑医疗机构服务能力、参保居民意愿、是否与上级医院建立协作关系等因素，一般一年一定，参保人只能选择一家。积极探索双向转诊，明确首诊、转诊医疗机构责任，逐步建立风险控制和费用分担机制。规范基层医疗机构上转病人，促进医院下转病人，推动形成分工合理的就医格局。

充分发挥医疗保险团购优势，通过谈判，控制医疗服务成本，减轻患者费用负担。各统筹地区要研究制定门诊统筹团购办法，明确规则、内容、流程等，在人头服务、慢病管理、常用药品、常规诊疗项目等方面探索团购工作。在实施总额预算管理的基础上，探索实行按人头付费等付费方式，建立风险共担的机制，促进医疗机构和医生主动控制费用。要根据不同付费方式的特点，明确监管重点，提高医疗质量，保障参保居民基本医疗权益。

五、加强经办管理

加强居民医保基金预算管理，统筹安排门诊和住院资金，提高基金使用效率。在统一进行预算管理的基础上，对门诊和住院医疗费用支出单独列账、分开统计。完善门诊和住院费用支出监测指标体系，建立动态分析制度。

完善门诊统筹协议管理。随着门诊统筹付费机制的完善，充实细化协议内容，将门诊统筹政策要求、管理措施、服务质量、考核办法、奖惩机制等落实到定点协议中，通过协议强化医疗服务监管。定期公布定点医疗机构医疗服务费用、质量、群众满意度等情况，充分发挥社会监督作用。加大考核力度，将考核结果与费用结算、奖励处罚挂钩。

加强信息系统建设。各统筹地区要加快发行社会保障卡，尽快将网络延伸到全部定点基层医疗机构和街道（乡镇）、社区（村）服务网点，利用信息化手段强化运行监控，方便即时结算。提高医疗保险信息系统建设部署层级，数据至少集中到地市一级。对定点医疗机构信息系统与医保信息系统的衔接提出明确要求，定点医疗机构向医保机构传输就诊结算信息，逐步由定时回传提高到实时回传，内容应包括个人就诊基本信息和各项医疗服务的汇总及明细信息（含自费项目）。

六、积极稳妥开展门诊统筹工作

各省（区、市）人力资源社会保障厅（局）要高度重视门诊统筹工作，研究制定具体落实措施和工作方案，加强对各统筹地区的工作指导和政策协调。尚未开展居民医保门诊统筹的地区，要抓紧出台相关政策，尽快启动实施；已开展居民医保门诊统筹的地区，要根据本通知要求进一步完善政策、加强管理。门诊统筹重点联系城市要做好重点专题探索工作，破解重点难点问题，实现体制机制创新。有条件的地区可以调整职工医保个人账户使用办法，探索职工门诊保障统筹共济办法。

门诊统筹工作政策性强、涉及面广，各级人力资源社会保障部门要主动加强与发展改革、财政、卫生、民政等部门的沟通协调，促进医改各项工作协同推进。各省（区、市）要充分发挥重点联系城市的作用，及时推广好的经验做法，形成上下互动的合力。

各地在推进居民医保门诊统筹过程中，遇有新情况、新问题请及时向我部报告。

人力资源和社会保障部关于进一步推进医疗保险付费方式改革的意见

（2011年5月31日　人社部发〔2011〕63号）

各省、自治区、直辖市人力资源社会保障厅（局），新疆生产建设兵团劳动保障局：

基本医疗保险制度建立以来，各地积极探索有效的医疗保险付费方式，在保障参保人员权益、规范医疗服务行为、控制医疗费用增长和促进医疗机构发展等方面发挥了重要作用。随着医药卫生体制改革的深化，对完善医疗保险付费体系提出了更新更高的要求。按照党中央、国务院关于深化医药卫生体制改革的总体部署，为进一步推进医疗保险付费方式改革，现提出如下意见：

一、推进付费方式改革的任务目标与基本原则

当前推进付费方式改革的任务目标是：结合基金收支预算管理加强总额控制，探索总额预付。在此基础上，结合门诊统筹的开展探索按人头付费，结合住院门诊大病的保障探索按病种付费。建立和完善医疗保险经办机构与医疗机构的谈判协商机制与风险分担机制，逐步形成与基本医疗保险制度发展相适应，激励与约束并重的支付制度。

推进付费方式改革必须把握以下基本原则：一是保障基本。

要根据医疗保险基金规模，以收定支，科学合理确定支付标准，保障参保人员的基本医疗待遇。二是建立机制。要建立医疗保险经办机构和医疗机构之间的谈判协商机制和风险分担机制。三是加强管理。要针对不同付费方式特点，完善监督考核办法，在费用控制的基础上加强对医疗服务的质量控制。四是因地制宜。要从实际出发，积极探索，勇于创新，不断总结经验，完善医疗保险基金支付办法。

二、结合基金预算管理加强付费总额控制

付费方式改革要以建立和完善基金预算管理为基础。各统筹地区要按照《国务院关于试行社会保险基金预算的意见》（国发〔2010〕2 号）文件要求，认真编制基本医疗保险基金收支预算。对基金支出预算要进行细化，将支出预算与支付方式相结合，进行支出预算分解。

要根据基金收支预算实行总额控制，探索总额预付办法。各地要按照基金支出总额，确定对每一种付费方式的总额控制指标，根据不同定点医疗机构级别、类别、特点以及承担的服务量等因素，落实到每一个定点医疗机构，以及每一结算周期，并体现在医保经办机构和定点医疗机构的协议中。医保经办机构要根据协议的规定，按时足额向定点医疗机构支付费用。同时，根据基金能力和结算周期，明确预拨定点医疗机构周转金的条件和金额。

要将定点医疗机构总额控制指标与其定点服务考评结果挂钩，在按周期进行医疗费用结算的基础上，按照“结余奖励、超支分担”的原则实行弹性结算，作为季度或年度最终结算的依据。

三、结合医保制度改革探索相应的付费办法

门诊医疗费用的支付，要结合居民医保门诊统筹的普遍开

展，适应基层医疗机构或全科医生首诊制的建立，探索实行以按人头付费为主的付费方式。实行按人头付费必须明确门诊统筹基本医疗服务包，首先保障参保人员基本医疗保险甲类药品、一般诊疗费和其他必需的基层医疗服务费用的支付。要通过签订定点服务协议，将门诊统筹基本医疗服务包列入定点服务协议内容，落实签约定点基层医疗机构或全科医生的保障责任。

住院及门诊大病医疗费用的支付，要结合医疗保险统筹基金支付水平的提高，探索实行以按病种付费为主的付费方式。按病种付费可从单一病种起步，优先选择临床路径明确、并发症与合并症少、诊疗技术成熟、质量可控且费用稳定的常见病、多发病。同时，兼顾儿童白血病、先天性心脏病等当前有重大社会影响的疾病。具体病种由各地根据实际组织专家论证后确定。有条件的地区可逐步探索按病种分组（DRGs）付费的办法。生育保险住院分娩（包括顺产、器械产、剖宫产）医疗费用，原则上要按病种付费的方式，由经办机构与医疗机构直接结算。暂不具备实行按人头或按病种付费的地方，作为过渡方式，可以结合基金预算管理，将现行的按项目付费方式改为总额控制下的按平均定额付费方式。

各地在改革中要按照不增加参保人员个人负担的原则，根据不同的医疗保险付费方式，适当调整政策，合理确定个人费用分担比例。

四、结合谈判机制科学合理确定付费标准

付费标准应在调查测算的基础上确定。可以对改革前三年定点医疗机构的费用数据进行测算，了解掌握不同医疗机构参保人员就医分布以及费用支出水平。在此基础上，根据医保基金总体支付能力和现行医保支付政策，确定医保基础付费标准。要以基础付费标准为参照，通过经办机构与定点医疗机构的谈判协商，根据定点医疗机构服务内容、服务能力以及所承担医疗保险服务量，确定不同类型、不同级别医疗机构的具体的付费标准。同时，综合考虑经济社会发展、医疗服务提供能力、适宜技术服务利用、消费价格指数和医药价格变动等因素，建立付费标准动态调整机制。

统筹地区要遵循公开透明的原则，制定医保经办机构与定点医疗机构进行谈判的程序和办法，在实践中对谈判的组织、管理、方式、纠纷处理办法等方面进行积极探索。

五、建立完善医疗保险费用质量监控标准体系

要建立健全医疗保险服务监控标准体系。要在基本医疗保险药品目录、诊疗项目范围、医疗服务设施标准基础上，针对不同付费方式特点分类确定监控指标。应明确要求定点医疗机构执行相应的出入院标准，确定住院率、转诊转院率、次均费用、参保人自费项目费用比例以及医疗服务质量、临床路径管理、合理用药情况等方面的技术控制标准，并将此纳入协议，加强对医疗机构费用的控制和质量的监管，切实保障参保人权益。

要针对不同付费方式明确监管重点环节。采取按人头付费的，重点防范减少服务内容、降低服务标准等行为；采取按病种付费的，重点防范诊断升级、分解住院等行为；采取总额预付的，重点防范服务提供不足、推诿重症患者等行为。

要加强对定点医疗机构的监督检查。通过引入参保人满意度调查、同行评议等评价方式，完善考核评价办法。要充分利用信息管理系统，通过完善数据采集和加强数据分析，查找不同付费方式的风险点并设置阈值，强化对医疗行为和医疗费用的监控，并总结风险规律，建立诚信档案。要将监测、考评和监督检查的结果与医保实际付费挂钩。

六、统筹规划，精心组织，以点带面推动实施

推动医疗保险付费方式改革是一个长期的、不断完善的过程，各地要统一思想，提高认识，加强领导，落实责任，抓好组织工作。在推进医疗保险付费方式改革中，要按照有利于提高医疗保险基金使用效率，有利于调动医疗机构及其医务人员的积极性，有利于提高医保管理服务水平，有利于维护参保人员的基本医疗保障权益的指导思想，主动改革，敢于创新，针对改革中遇到的新情况、新问题，不断调整完善付费政策和办法。

各省级人力资源社会保障部门要按照本意见要求，在认真调研的基础上制定本省（区、市）推进付费方式改革总体规划。要通过建立重点联系城市制度，发现、培育、树立典型，通过搭建交流工作平台，充分发挥典型城市的示范带头作用，以点带面加强对所辖统筹地区的指导。

各统筹地区人力资源社会保障部门要按照省（区、市）的统一部署，制定本地区推动付费方式改革的工作方案，明确改革目标、改革思路以及推进步骤。统筹地区工作方案应报送省级人力资源社会保障部门备案。

付费方式改革涉及各方利益的调整，在改革中要注意维护政策的连续性和稳定性，妥善处理改革与稳定的关系。要加强与其他部门的沟通协调，充分听取社会各方意见建议，形成改革的合力。遇有重大事项要及时报告。

人力资源社会保障部　财政部卫生部关于开展基本医疗保险付费总额控制的意见

（2012年11月14日　人社部发〔2012〕70号）

各省、自治区、直辖市及新疆生产建设兵团人力资源社会保障厅(局)、财政厅（局)、卫生厅（局)：

当前，我国覆盖城乡居民的基本医疗保障制度初步建立，参保人数不断增加，保障水平逐步提高，按照《国务院关于印发“十二五”期间深化医药卫生体制改革规划暨实施方案的通知》(国发〔2012〕11号）关于充分发挥全民基本医保基础性作用、重点由扩大范围转向提升质量的要求，应进一步深化医疗保险付费方式改革，结合基本医疗保险基金预算管理的全面施行，开展基本医疗保险付费总额控制（以下简称总额控制)。为指导各地做好此项工作，现提出以下意见：

一、任务目标

以党中央、国务院深化医药卫生体制改革文件精神为指导，按照“结合基金收支预算管理加强总额控制，并以此为基础，结合门诊统筹的开展探索按人头付费，结合住院、门诊大病的保障探索按病种付费”的改革方向，用两年左右的时间，在所有统筹地区范围内开展总额控制工作。结合医疗保险基金收支预算管理，合理确定统筹地区总额控制目标，并根据分级医疗服务体系功能划分及基层医疗卫生机构与医院双向转诊要求，将总额控制目标细化分解到各级各类定点医疗机构。逐步建立以保证质量、控制成本、规范诊疗为核心的医疗服务评价与监管体系，控制医疗费用过快增长，提升基本医疗保险保障绩效，更好地保障人民群众基本医疗权益，充分发挥基本医疗保险对公立医院改革等工作的支持和促进作用。

二、基本原则

一是保障基本。坚持以收定支、收支平衡、略有结余，保障参保人员基本医疗需求，促进医疗卫生资源合理利用，控制医疗费用过快增长。

二是科学合理。总额控制目标要以定点医疗机构历史费用数据和医疗保险基金预算为基础，考虑医疗成本上涨以及基金和医疗服务变动等情况，科学测算，合理确定。

三是公开透明。总额控制管理程序要公开透明，总额控制管理情况要定期向社会通报。建立医疗保险经办机构与定点医疗机构的协商机制，发挥医务人员以及行业学（协）会等参与管理的作用。

四是激励约束。建立合理适度的“结余留用、超支分担”的激励约束机制，提高定点医疗机构加强管理、控制成本和提高质量的积极性和主动性。

五是强化管理。加强部门配合，运用综合手段，发挥医疗保险监控作用，确保总额控制实施前后医疗服务水平不降低、质量有保障。

三、主要内容

（一）加强和完善基金预算管理。完善基本医疗保险基金收支预算管理制度，在认真编制基本医疗保险收入预算的基础上进一步强化支出预算，并将基金预算管理和费用结算管理相结合，加大预算的执行力度。各统筹地区要根据近年本地区医疗保险基金实际支付情况，结合参保人数、年龄结构和疾病谱变化以及政策调整和待遇水平等因素，科学编制年度基金支出预算。实现市级统筹的地区还要在建立市级基金预算管理制度基础上，根据市、区（县）两级医疗保险经办机构分级管理权限，对基金预算进行细化和分解。

（二）合理确定统筹地区总额控制目标。统筹地区要按照以收定支、收支平衡、略有结余的原则，以基本医疗保险年度基金预算为基础，在扣除参保单位和个人一次性预缴保费、统筹区域外就医、离休人员就医和定点零售药店支出等费用，并综合考虑各类支出风险的情况下，统筹考虑物价水平、参保人员医疗消费水平等因素，确定医疗保险基金向统筹区域内定点医疗机构支付的年度总额控制目标。在开展总额控制的同时，要保障参保人员基本权益，控制参保人员个人负担。

（三）细化分解总额控制指标。以近三年各定点医疗机构服务提供情况和实际医疗费用发生情况为基础，将统筹地区年度总额控制目标按照定点医疗机构不同级别、类别、定点服务范围、有效服务量以及承担的首诊、转诊任务等因素，并区分门诊、住院等费用进一步细化落实到各定点医疗机构。要按照基本医疗保险对不同类别与级别定点医疗机构的差别支付政策，注重向基层倾斜，使定点基层医疗卫生机构的指标占有合理比重，以适应分级医疗服务体系建设和基层医疗卫生机构与医院双向转诊制度的建立，支持合理有序就医格局的形成。

（四）注重沟通与协商。统筹地区要遵循公开透明的原则，制定实施总额控制的程序和方法，并向社会公开。要建立医疗保险经办机构和定点医疗机构之间有效协商的机制，在分解地区总额控制目标时，应广泛征求定点医疗机构、相关行业协会和参保人员代表的意见。有条件的地区可按级别、类别将定点医疗机构分为若干组，通过定点医疗机构推举代表或发挥行业学（协）会作用等方式，进行组间和组内协商，确定各定点医疗机构具体总额控制指标，促进定点医疗机构之间公平竞争。

（五）建立激励约束机制。按照“结余留用、超支分担”的原则，合理确定基本医疗保险基金和定点医疗机构对结余资金与超支费用的分担办法，充分调动定点医疗机构控制医疗费用的积极性。在保证医疗数量、质量和安全并加强考核的基础上，逐步形成费用超支由定点医疗机构合理分担，结余资金由定点医疗机构合理留用的机制。超过总额指标的医疗机构，应分析原因，改进管理，有针对性地提出整改意见。医疗保险经办机构可根据基金预算执行情况，对定点医疗机构因参保人员就医数量大幅增加等形成的合理超支给予补偿。医疗保险经办机构应与定点医疗机构协商相关具体情况，并在定点服务协议中明确。

（六）纳入定点服务协议。要将总额控制管理内容纳入定点服务协议，并根据总额控制管理要求调整完善协议内容。要针对总额控制后可能出现的情况，逐步将次均费用、复诊率、住院率、人次人头比、参保人员负担水平、转诊转院率、手术率、择期手术率、重症病人比例等，纳入定点服务协议考核指标体系，并加强管理。

（七）完善费用结算管理。统筹地区医疗保险经办机构要将总额控制指标与具体付费方式和标准相结合，合理预留一定比例的质量保证金和年终清算资金后，将总额控制指标分解到各结算周期（原则上以月为周期），按照定点服务协议的约定按时足额结算，确保定点医疗机构医疗服务正常运行。对于定点医疗机构结算周期内未超过总额控制指标的医疗费用，医疗保险经办机构应根据协议按时足额拨付；超过总额控制指标部分的医疗费用，可暂缓拨付，到年终清算时再予审核。对于医疗保险经办机构未按照协议按时足额结算医疗费用的，统筹地区政府行政部门要加强监督、责令整改，对违法、违纪的要依法处理。

医疗保险经办机构可以按总额控制指标一定比例设立周转金，按协议约定向定点医疗机构拨付，以缓解其资金运行压力。医疗保险经办机构与定点医疗机构之间应建立定期信息沟通机制，并向社会公布医疗费用动态情况。对在改革过程中医疗机构有效工作量或费用构成等发生较大变动的，统筹地区医疗保险经办机构可根据实际，在年度中期对定点医疗机构总额控制指标进行调整。

（八）强化医疗服务监管。统筹地区卫生、人力资源社会保障等部门要针对实行总额控制后可能出现的推诿拒收病人、降低服务标准、虚报服务量等行为，加强对定点医疗机构医疗行为的监管。对于医疗服务数量或质量不符合要求的定点医疗机构，应按照协议约定适当扣减质量保证金。要完善医疗保险信息系统，畅通举报投诉渠道，明确监测指标，加强重点风险防范。要建立部门联动工作机制，加大对违约、违规医疗行为的查处力度。

（九）推进付费方式改革。要在开展总额控制的同时，积极推进按人头、按病种等付费方式改革。要因地制宜选择与当地医疗保险和卫生管理现状相匹配的付费方式，不断提高医疗保险付费方式的科学性，提高基金绩效和管理效率。

四、组织实施

（一）加强组织领导。总额控制是深化医疗保险制度改革的一项重要任务，同时对深入推进公立医院改革有重要促进作用，各地要高度重视，加强组织领导，将此项工作作为医疗保险的一项重点工作抓紧、抓实、抓好。各省（区、市）要加强调研和指导，进行总体部署；统筹地区要研究制定具体工作方案，认真做好组织实施。

（二）做好协调配合。加强部门协调，明确部门职责，形成工作合力。财政部门要会同人力资源社会保障部门做好全面实行基本医疗保险基金预算管理有关工作，共同完善医疗保险基金预算管理的制度和办法，加强对医疗保险经办机构执行预算、费用结算的监督。卫生部门要加强对医疗机构和医务人员行为的监管，以医疗保险付费方式改革为契机，探索公立医院改革的有效途径。要根据区域卫生规划和医疗机构设置规划，严格控制医院数量和规模，严禁公立医院举债建设。要顺应形势加强医疗服务的精细化管理，推进医院全成本核算和规范化诊疗工作。要采取多种措施控制医疗成本，引导医务人员增强成本控制意识，规范诊疗服务行为。各地区要建立由人力资源社会保障、财政和卫生等部门共同参与的协调工作机制，及时研究解决总额控制工作中的有关重大问题。

（三）注重廉政风险防控。各统筹地区医疗保险经办机构在总额控制管理过程中，要坚持“公开、公平、公正”的原则，加强与定点医疗机构的协商，实现程序的公开透明。医疗保险经办机构与定点医疗机构协商原则上不搞“一院一谈”，坚决杜绝暗箱操作，协商确定的总额控制指标要及时向社会公开。总额控制管理全程要主动接受纪检、监察等部门以及社会各方的监督。医疗保险经办机构与定点医疗机构在总额控制管理过程中出现的纠纷，按服务协议及相关法律法规处理。

（四）做好政策宣传。高度重视宣传舆论工作的重要性，切实做好政策宣传和解读，使广大医务人员和参保人员了解总额控制的重要意义，理解配合支持改革。总额控制工作中遇有重大事项或问题，要及时报告，妥善处理。

本意见适用于人力资源社会保障部门负责的基本医疗保险。

人力资源社会保障部关于进一步加强基本医疗保险医疗服务监管的意见

（2014年8月18日　人社部发〔2014〕54号）

各省、自治区、直辖市及新疆生产建设兵团人力资源社会保障厅（局），各副省级市人力资源社会保障局：

基本医疗保险制度建立以来，各地积极探索提高医疗保险基金使用效率的有效方式，医疗服务监管工作逐步加强。随着全民医保的基本实现以及即时结算等项工作的推进，医疗服务监管的形势出现了一些新特点，欺诈骗保等现象有所增多。为进一步加强医疗保险医疗服务监管，更好地保障参保人员权益，维护医疗保险基金安全，推进深化医改，在总结各地实践经验的基础上，根据《中华人民共和国社会保险法》和《国务院关于印发"十二五"期间深化医药卫生体制改革规划暨实施方案的通知》（国发〔2012〕11号）精神，现就有关问题提出如下意见：

一、强化医疗保险医疗服务监管，将监管对象延伸到医务人员

（一）进一步完善定点医疗机构服务协议。基本医疗保险经办机构（以下简称经办机构）要将医疗服务监管的内容纳入定点服务协议，依据协议审核向定点医疗机构支付的医疗费用，通过监管与考核相结合、考核结果与医疗费用结算支付相挂钩等方式，不断完善协议管理。重点监管参保人员就诊人数，医疗总费用和增长率，药品、医用耗材和检查总费用、增长率及占医疗费用比例等指标。在进一步做好住院医疗服务监管工作的同时，加强对门诊医疗服务的监管。

（二）积极探索将监管延伸到医务人员医疗服务行为的有效方式。对定点医疗机构医务人员建立诚信档案。在经办机构与医疗机构定点服务协议中约定医务人员的责任和义务，探索通过医疗机构将协议管理要求细化落实到医务人员的有效途径。采取将医务人员考评结果与定点医疗机构考核及医疗费用支付结算挂钩等方式，鼓励医疗机构强化医务人员管理的激励和约束机制。加强多层次、多形式培训，帮助医务人员及时、全面、准确掌握医疗保险政策，依规提供医疗服务。

（三）强化参保人员持卡就医的责任意识。进一步加大宣传力度，通过各种方式，在告知参保人员持卡就医权利的同时，明确告知其责任和义务，包括不得出借、转让或恶意使用社会保障卡，丢失社会保障卡应及时挂失，骗取或协助他人骗取医疗保险基金要承担法律责任等，规范参保人员的就医行为，逐步建立完善参保人员诚信记录制度。

二、优化信息化监控手段，建立医疗保险费用监控预警和数据分析平台

（四）完善医疗保险信息库，促进医疗服务信息及时准确传递。建立健全医疗保险信息库特别是药品库、门诊大病疾病库、医务人员数据库等，使用符合全国统一标准的信息代码，做好信息标准化工作。加强医疗保险管理信息系统与定点医疗机构的联网，进一步明确和细化接口信息规范，力争使定点医疗机构诊疗和用药原始数据实时上传，消除人为操作因素，保证上传数据的真实性和完整性。

（五）建立医疗保险监控系统，规范医疗服务信息监控标准。在做好社会保障卡发放和基本医疗保险即时结算服务的基础上，进一步完善各统筹地区医疗保险管理信息系统建设，扩展建设医疗保险医疗服务监控子系统，及时向定点医疗机构提供监控提示信息，实现事前提示、事中监控预警和事后责任追溯。经办机构要将定点医疗机构、医务人员的医疗服务信息和参保人员的就医购药信息纳入监控范围，根据协议管理要求和多发案件特点，建立和完善监控规则，设置监控指标，规范监控标准，通过设置不同的警戒线实现分级监控。

（六）加强数据分析研判，强化重点信息监控。经办机构要指定专人负责医疗保险费用数据分析工作，重点加强对异常数据的分析。对医务人员，要重点分析服务人数、人次和增长情况，药品处方情况，以及次均费用和总费用增长情况，对有违规记录，出现次均费用畸高、某种药品使用数量畸高等异常情况的医务人员进行重点检查。对参保人员，要重点对就医频次、购药数量和金额等信息进行分析，有针对性地进行监控。

三、明确医疗保险基金监管职责，充分发挥各方面的监督作用

（七）进一步加强经办审核稽核工作。经办机构要加强对医疗机构申报医疗费用的审核，逐步将对疑点的筛查从结算之后提前到结算过程之中。加大对医疗机构执行定点协议、医疗保险费用支付等情况的稽核力度。对网上监控发现的疑点和举报投诉的问题等，要及时组织核实情况。对重大案情，要查阅相关资料，询问相关人员，逐步形成程序化、规范化的稽核机制。

（八）严格医疗保险基金行政监督。社会保险行政部门要研究分析医疗保险基金管理和运行情况，逐步完善工作手段。加强对医疗保险基金预算和医疗保险医疗服务协议执行、各项监管制度落实等情况的监督，加大对违规支付和套取、骗取医疗保险基金等问题的查处力度。

（九）探索社会监督的有效途径。拓宽社会监督途径，创新社会监督方式，通过组织专家评议、聘请社会监督员等方式，动员社会各方面力量参与医疗保险监督工作，不断提高监督实效。进一步畅通举报投诉渠道，及时处理各类问题。

（十）促进医疗机构规范提供医疗服务。结合付费方式改革，建立和完善经办机构与医疗机构的风险分担机制，对定点医疗机构形成有效的激励约束。继续推进和完善定点医疗机构分级管理制度，促进医疗机构加强内部管理，提高自我管理的积极性，鼓励医务人员为参保患者提供合理必要的服务，控制医疗费用的不合理增长，减轻参保人员负担。

四、分类处理监管发现的问题，妥善解决争议

（十一）及时纠正不合理行为。对疑似不合理的诊疗、住院、用药、收费等行为，经办机构要查明实际情况，必要时可组织专家进行论证；确实存在问题的，可约谈相关定点医疗机构，提出改进管理的意见。

（十二）依规处置违约问题。对违反协议规定的定点医疗机构，经办机构要按照协议规定，根据违约情节的轻重，相应采取拒付费用、暂停结算限期整改、终止协议等措施。对违反协议规定的医务人员，情节较轻的，经办机构可建议其所属医疗机构进行诫勉谈话；情节较重或多次违约的，经办机构可直接约谈，责令改正；情节严重、主观故意性强且造成医疗保险基金损失的，经办机构可按照协议规定暂停其医疗保险实时结算资格或对其提供的医疗服务拒付费用等。

对暂停结算限期整改的定点医疗机构和暂停实时结算及拒付费用的医务人员，经办机构要督促及时整改，跟进了解整改情况，在确认问题已经解决、漏洞已经弥补、风险已经排除后，可恢复其医疗保险实时结算资格。经办机构在改变与定点医疗机构或医务人员的结算方式和终止协议时，要采取必要措施保护参保人员的合法权益。

（十三）坚决查处违规违法案件。对违反医疗保险法律法规，侵害医疗保险基金的问题，在经办机构追究违约责任的同时，违规行为发生地的社会保险行政部门要按照社会保险基金监管和基本医疗保险的有关规定，作出行政处罚等处理决定；涉及卫生计生、药监、物价等部门职责范围的，应及时书面通知并移交相关部门处置；对涉嫌构成犯罪的，由社会保险行政部门移送公安机关。社会保险行政部门、经办机构及其工作人员发现违法犯罪线索时，均可按规定向公安机关报案。

（十四）规范移交处理办法。社会保险行政部门发现涉嫌违约的问题，要责成经办机构按照协议规定处理。经办机构作出停止医务人员医疗保险实时结算资格、拒付费用，终止医疗机构定点协议等处理时，要及时报告同级社会保险行政部门。

经办机构发现涉嫌违规的问题，要及时向同级社会保险行政部门报告，并将调查资料形成正式材料一并移交。社会保险行政部门认为事实不清的，可组织补充调查或要求经办机构补充材料。

对移交处理的各类问题，社会保险行政部门和经办机构应及时沟通处理结果，并按规定向上级部门报告。

（十五）明确争议处理程序。定点医疗机构或医务人员对经办机构作出的处置有争议的，由同级社会保险行政部门协调处理；对同级社会保险行政部门协调处理结果不服的，由上级社会保险行政部门协调处理。省级社会保险行政部门是争议协调处理的最终单位。

对社会保险行政部门作出的行政处理决定有争议的，可以依法申请行政复议或者提起行政诉讼。行政处理决定生效以后，处理对象应当执行；逾期不执行的，由社会保险行政部门督促执行或依法申请人民法院强制执行。

五、加强配合，协同做好工作

（十六）加强组织领导。基本医疗保险医疗服务监管工作，是遏制不合理医疗费用增长、提高医疗保险基金使用效率、维护广大参保人员权益的重要措施。各级人力资源社会保障部门要高度重视，统一思想认识，认真落实。省级人力资源社会保障部门要结合实际制定具体办法，加强组织协调，明确相关部门责任，督促、指导省内各统筹地区开展工作，并加强对落实情况的检查评估。各统筹地区要积极创造条件，加大信息系统建设投入，建立并逐步完善医疗保险医疗服务网上监控。

（十七）加强协调配合。各级人力资源社会保障部门要建立健全内部协调机制，明确分工，加强配合，整合信息资源，分享通过群众举报、日常检查、专项检查、网上监控等途径发现的医疗服务异常情况，协同做好查处工作。要加强与公安、卫生计生等部门的外部协作，建立医疗保险联合反欺诈工作机制，积极协调相关部门开展联动联查联处，加大对违法违规行为的打击力度。

（十八）加强宣传教育。各地要及时总结经验，加大宣传力度，做好舆论引导工作，及时向社会传递打击医疗保险欺诈骗保的信息，支持新闻媒体开展舆论监督，加大对犯罪分子的威慑力度，减少医疗保险欺诈骗保行为的发生。要加强教育工作，形成正确的社会导向，提高全社会公民遵纪守法的自觉性，营造全社会诚信自律、合理就医、依规提供服务、维护医疗保险基金安全、自觉抵制违约违规违法行为的社会氛围。

部社会保险基金监督司、医疗保险司、社会保险事业管理中心、信息中心按各自职责，负责相关工作的指导和检查。

人力资源和社会保障部 财政部
国家卫生和计划生育委员会
关于进一步做好基本医疗保险
异地就医医疗费用结算工作的指导意见

（2014年11月18日 人社部发〔2014〕93号）

各省、自治区、直辖市及新疆生产建设兵团人力资源社会保障厅（局）、财政（财务）厅（局）、卫生计生委：

2009年《关于基本医疗保险异地就医结算服务工作的意见》（人社部发〔2009〕190号）印发以来，各地积极探索推进异地就医结算工作，为参保群众提供便捷服务。目前，在全国范围内，基本医疗保险市级统筹基本实现，大多数省份建立了省内异地就医结算平台并开展了直接结算，一些地区还进行了“点对点”跨省结算的尝试。但此项工作与群众期盼还存在差距，异地就医结算手续依然比较复杂，异地医疗服务监管尚不到位。根据党的十八届三中全会决定精神，现就进一步做好基本医疗保险异地就医医疗费用结算（以下简称异地就医结算）工作，提升基本医疗保险管理服务水平，提出以下意见：

一、进一步明确推进异地就医结算工作的目标任务

（一）总体思路。完善市（地）级（以下简称市级）统筹，规范省（自治区、直辖市，以下简称省）内异地就医结算，推进跨省异地就医结算，着眼城乡统筹，以异地安置退休人员和异地住院费用为重点，依托社会保险信息系统，分层次推进异地就医结算服务。要根据分级诊疗的要求，做好异地转诊病人的医疗费用结算管理。要不断提高医疗保险管理服务水平，完善医疗服务监控机制，在方便参保人员异地就医结算的同时，严防欺诈骗保行为，维护广大参保人合法权益。

（二）近期目标。2014 年，在现有工作基础上，完善基本医疗保险市级统筹，基本实现市级统筹区内就医直接结算，规范和建立省级异地就医结算平台；2015 年，基本实现省内异地住院费用直接结算，建立国家级异地就医结算平台；2016 年，全面实现跨省异地安置退休人员住院医疗费用直接结算。有条件的地区可以加快工作节奏，积极推进。

二、完善市级统筹，实现市域范围内就医直接结算

以全面实现市域范围内医疗费用直接结算为目标，推进和完善基本医疗保险市级统筹。首先做到基本医疗保险基金预算和筹资待遇政策、就医管理的统一和信息系统的一体化衔接，逐步提升基本医疗保险服务便利性。实现城乡基本医疗保险制度整合的地区，要同步推动城乡居民医保实现市级统筹。

已经实行市级统筹的地区要进一步提高市级统筹质量。采取统收统支模式的，要明确地市和区县级社会保险经办机构（以下简称经办机构）职责，落实分级管理责任；采取调剂金模式的，要规范调剂金的收取和调剂管理办法，以逐步实现制度政策、基金管理、就医结算、经办服务、信息系统方面的统一。有条件的地方要加快推进省级统筹。

三、规范省内异地就医直接结算

各省要按照国家统一规范，建立完善省级异地就医结算平台，支持省内统筹地区之间就医人员信息、医疗服务数据以及费用结算数据等信息的交换，并通过平台开展省内异地就医直接结算工作。

各省人力资源社会保障部门要加强对各统筹地区医疗保险政策的指导，按照国家要求建立统一的药品目录、诊疗项目和医疗服务设施信息标准库，完善与异地就医相关的结算办法和经办流程。要完善定点医疗机构管理，建立并维护支持异地就医直接结算的定点医疗机构数据库。定点医疗机构名单应向社会公布。

异地就医人员的医疗保险待遇执行参保地政策。各统筹地区要建立规范的异地就医报送办法。符合条件的参保人员经同意异地就医后，参保地经办机构应将人员信息通过省级平台传送给就医地经办机构。就医地经办机构负责为异地就医人员提供经办服务，对相关医疗服务行为进行监管，并将相关信息及时如实传送给参保地经办机构。

四、完善跨省异地就医人员政策

加强跨省异地就医的顶层设计，统筹考虑各类跨省异地就医人员需求，逐步推进跨省异地就医直接结算。当前重点解决跨省异地安置退休人员的住院费用，有条件的地方可以在总结经验的基础上，结合本地户籍和居住证制度改革，探索将其他长期跨省异地居住人员纳入住院医疗费用直接结算范围。

跨省异地安置退休人员是指离开参保统筹地区长期跨省异地居住，并根据户籍管理规定已取得居住地户籍的参保退休人员。这部分人员可自愿向参保地经办机构提出异地医疗费用直接结算申请，经审核同意并由居住地经办机构登记备案后，其住院医疗费用可以在居住地实行直接结算。

跨省异地安置退休人员在居住地发生的住院医疗费用，原则上执行居住地规定的支付范围（包括药品目录、诊疗项目和医疗服务设施标准）。医疗保险统筹基金的起付标准、支付比例和支付限额原则上执行参保地规定的本地就医时的标准，不按照转外就医支付比例执行。经本人申请，可以将个人账户资金划转给个人，供门诊就医、购药时使用。

五、做好异地就医人员管理服务

各统筹地区经办机构应当根据跨省异地安置退休人员、异地转诊人员、异地急诊人员等不同人群的特点，落实管理责任，加强医疗服务监管，做好服务。

对经登记备案的跨省异地安置退休人员，居住地的经办机构应一视同仁地将其纳入管理，在定点医疗机构和零售药店确定、医疗信息记录、医疗行为监控等方面提供与本地参保人相同的服务和管理。跨省异地安置退休人员发生的应由统筹基金支付的住院医疗费用，通过各省级异地就医结算平台实行跨省直接结算。

对于异地转诊的参保人员，经办机构要适应分级诊疗模式和转诊转院制度，建立参保地与就医地之间的协作机制，引导形成合理的就医秩序。就医地经办机构应协助参保地经办机构进行医疗票据核查等工作，保证费用的真实性，防范和打击伪造医疗票据和文书等欺诈行为。

对于异地急诊的参保人员，原则上在参保地按规定进行报销；需要通过医疗机构对费用真实性进行核查的，就医地经办机构应予以协助。

参保人员异地就医费用按规定实行直接结算的，应由医疗保险基金支付的部分，原则上先由就医地医疗保险基金垫付，再由参保地经办机构与就医地经办机构按月结算。

对异地就医造成的就医地经办机构增加的必要工作经费，由就医地经办机构同级财政统筹安排。鼓励各地探索委托商业保险机构经办等购买服务的方式，提高异地就医结算管理和服务水平。

六、大力提升异地就医信息化管理水平

按照国家电子政务建设和信息惠民工程建设的要求，着力推进社会保险业务信息管理系统省级集中，建立完善中央和省级异地就医费用结算平台，统一信息系统接口、操作流程、数据库标准和信息传输规则，推进《社会保险药品分类与代码》等技术标准的应用。通过省级异地就医结算平台或省级集中社会保险业务管理系统，支持省内统筹地区之间的异地就医结算数据传输和问题协调。国家级异地就医结算平台与各省级异地就医平台对接，逐步通过平台实现跨省异地就医数据交换等功能。

七、加强组织落实

各级人力资源社会保障部门负责异地就医结算的统筹协调工作。各省人力资源社会保障部门要按照国家统一要求，协调省内有关部门制订本省份推进异地就医结算的工作计划，要加强与其他省份的沟通，积极推进跨省异地就医结算工作。统筹地区人力资源社会保障部门要树立全局观念，积极为来本地就医的参保人员提供医疗保险管理服务。有条件的省要统筹考虑生育保险、工伤保险等其他涉及医疗服务的社会保险，制定统一的社会保险异地就医管理办法。

财政部门要结合异地就医结算工作的开展，完善有关会计核算办法，会同有关部门完善社会保险基金财务制度。根据经办机构用款计划，及时足额划拨异地就医结算资金。加大资金支持力度，确保异地就医工作经费的落实。

卫生计生部门要会同有关部门，研究制定分级诊疗办法，建

立健全转诊转院制度，引导形成合理的就医流向。要加大监管力度，规范医疗行为，促进合理规范诊疗。

医疗保险异地就医费用结算工作是健全全民医保体系的重要任务之一，事关人民群众切身利益。各有关部门要高度重视，加强配合，密切协作，确保工作落到实处，同时注意全面准确地做好宣传工作，合理引导社会预期。各地在工作中遇有重要情况要及时报告，有关部门要加强专项督查，推动工作进展。

本意见适用于人力资源社会保障部门负责的基本医疗保险。

人力资源和社会保障部 国家发展和改革委员会　财政部 国家卫生和计划生育委员会关于印发《关于做好进城落户农民参加基本医疗保险和关系转移接续工作的办法》的通知

（2015 年 8 月 27 日　人社部发〔2015〕80 号）

各省、自治区、直辖市人力资源社会保障厅（局）、发展改革委、财政厅（局）、卫生计生委，新疆生产建设兵团人力资源社会保障局、发展改革委、财务局、卫生局：

现将《关于做好进城落户农民参加基本医疗保险和关系转移接续工作的办法》印发你们，请遵照执行。

关于做好进城落户农民参加基本医疗保险和关系转移接续工作的办法

健全进城落户农民参加基本医疗保险和关系转移接续政策，是落实中央全面深化改革任务的重要举措，有利于推动和统筹城乡发展，促进社会正义和谐；有利于全面提升城镇化质量，促进城镇化健康发展；有利于深入健全全民医保，促进基本医疗保障公平可及。为进一步做好进城落户农民参加基本医疗保险和流动就业人员等基本医疗保险关系转移接续工作，切实维护各类参保人员合法权益，依据《中华人民共和国社会保险法》和基本医疗保险制度有关规定，制定本办法。

一、做好进城落户农民参保工作

进城落户农民是指按照户籍管理制度规定，已将户口由农村迁入城镇的农业转移人口。各级人力资源社会保障部门要积极配合和支持相关部门，做好农业转移人口落户工作，把进城落户农民纳入城镇基本医疗保险制度体系，在农村参加的基本医疗保险规范接入城镇基本医疗保险，确保基本医保待遇连续享受。

进城落户农民根据自身实际参加相应的城镇基本医疗保险。在城镇单位就业并有稳定劳动关系的，按规定随所在单位参加职工基本医疗保险（以下简称职工医保）；以非全日制、临时性工作等灵活形式就业的，可以灵活就业人员身份按规定参加就业地职工医保，也可以选择参加户籍所在地城镇（城乡）居民基本医疗保险（以下简称居民医保）。其他进城落户农民可按规定在落户地参加居民医保，执行当地统一政策。对参加居民医保的进城落户农民按规定给予参保补助，个人按规定缴费。

已参加新型农村合作医疗（以下简称新农合）或居民医保的进城落户农民，实现就业并参加职工医保的，不再享受原参保地新农合或居民医保待遇。要进一步完善相关政策衔接措施，引导进城落户农民及时参保，同时避免重复参保。

二、规范医保关系转移接续手续

进城落户农民和流动就业人员等参加转入地基本医疗保险后，转入地社会（医疗）保险经办机构应依据参保人申请，通知转出地经办机构办理医保关系转移手续，确保管理服务顺畅衔接，避免待遇重复享受。

转出地社会（医疗）保险或新农合经办机构应在参保人办理中止参保（合）手续时为其开具参保（合）凭证。参保（合）凭证是参保人员的重要权益记录，由参保人妥善保管，用于转入地受理医保关系转移申请时，核实参保人身份和转出地社会（医疗）保险经办机构记录的相关信息。

三、妥善处理医保关系转移接续中的有关权益

进城落户农民和流动就业人员等办理基本医疗保险关系转移接续前后，基本医疗保险参保缴费中断不超过 3 个月且补缴中断期间医疗保险费的，不受待遇享受等待期限制，按参保地规定继续参保缴费并享受相应的待遇。

进城落户农民在农村参加新农合等基本医疗保险的参保缴费和权益享受信息等连续记入新参保地业务档案，保证参保记录的完整性和连续性。流动就业人员参加职工医保的缴费年限各地互认，参保人在转出地职工医保记录的缴费年限累计计入转入地职工医保缴费年限记录。

参保人转移基本医疗保险关系时，建立个人账户的，个人账户随本人基本医疗保险关系一同转移。个人账户资金原则上通过经办机构进行划转。

四、做好医保关系转移接续管理服务工作

进一步规范医保关系转移接续业务经办程序。逐步统一各类人员参加基本医疗保险的标识。积极探索推行网上经办、自助服务、手机查询等经办服务模式，引导和帮助用人单位和个人依规主动更新参保信息。加强经办服务管理平台建设，完善和推广社会保险（医疗保险）关系转移接续信息系统，推进标准化建设和数据信息跨地区、跨部门共享，确保跨地区、跨制度参保信息互认和顺畅传递。

社会（医疗）保险经办机构和新农合经办机构要加强沟通协作，进一步做好基本医疗保险关系转移接续管理服务工作。

五、落实组织实施工作

各地人力资源社会保障部门要结合本地区实际，以进城落户农民为重点，做好参保和关系转移接续工作，细化完善政策措施，优化管理服务流程。卫生计生部门要做好进城落户农民医保关系转移接续经办服务工作。财政部门要继续做好居民医保和新农合财政补助工作，确保资金及时足额到位。发展改革部门要积极支持配合相关部门，将进城落户农民在农村参加的社会保险规范接入城镇社保体系，支持社保经办平台建设。各相关部门加强统筹协调，做好政策衔接，确保基本医疗保险参保人跨制度、跨地区流动时能够连续参保。

本办法从2016年1月1日起执行。《流动就业人员基本医疗保障关系转移接续暂行办法》（人社部发〔2009〕191号）与本办法不符的，按本办法执行。

附件：基本医疗保障参保（合）凭证样式（略）

人力资源社会保障部关于积极推动医疗、医保、医药联动改革的指导意见

（2016年6月29日　人社部发〔2016〕56号）

各省、自治区、直辖市及新疆生产建设兵团人力资源社会保障厅（局）：

党中央、国务院高度重视深化医药卫生体制改革，党的十八大以来，将深化医改放在党和国家事业全局更加重要的位置，作出了一系列决策部署。十八届五中全会明确提出，深化医药卫生体制改革，实行医疗、医保、医药联动（以下简称三医联动），充分发挥医保在医改中的基础性作用，建立符合医疗行业特点的人事薪酬制度，是人力资源社会保障部门的重要职责，是深化医改攻坚阶段的重要配套措施。人力资源社会保障部门要坚决贯彻中央决策部署，按照四个全面战略布局，牢固树立五大发展理念，围绕大局，解放思想，主动作为。现就人力资源社会保障部门进一步推动三医联动改革，做好医改有关工作提出以下意见：

一、充分认识三医联动的重要意义

（一）高度重视三医联动改革。实行三医联动是深化医改的基本路径，是党中央、国务院对医改进入攻坚阶段提出的新要求，体现了中央对医改发展规律的整体把握，对于破解医改难

题，推动医改向纵深发展具有重要意义。各地要把思想统一到中央决策部署上来，充分认识三医联动的重要意义，积极推动三医联动改革，着眼于全面深化医药卫生体制改革全局、健全全民医保体系和建立更加公平、更可持续的社会保障制度，整体设计，同步实施，协同推进，实现维护人民健康，推动医疗卫生事业进步，促进医药产业发展的共同目标。

（二）准确把握实行三医联动的指导思想。要深入贯彻党的十八大和十八届三中、四中、五中全会精神，贯彻落实习近平总书记系列重要讲话精神，认真落实党中央、国务院决策部署，立足解决群众看病就医问题，以医疗服务体系改革为重点，充分发挥医疗、医保、医药职能部门作用，加强协同合作，增强改革的整体性、系统性和协同性。实行三医联动，要坚持保基本、强基层、建机制，突出体制机制创新和管理创新；坚持处理好政府与市场的关系，使市场在资源配置中起决定性作用和更好发挥政府作用；坚持问题和目标双导向，聚焦改革重点，持续推进改革；坚持以人为本，维护人民健康，增强群众获得感和幸福感。

二、持续推进医药卫生体制重点改革

（三）以医疗服务体系改革为重点，全面深化医药卫生体制改革。要立足解决群众看病就医问题，着力解决医疗资源配置不合理，医疗服务总量不足和结构性失衡并存的矛盾。要以分级诊疗制度建设为突破口，配合有关部门加快医疗服务体系改革，推行家庭医生签约服务，提升基层医疗机构服务能力，稳步推进医疗卫生资源优化配置。要以建立现代医院管理制度为重点，配合有关部门加快推进公立医院综合改革，推进政事分开，管办分开，切实转变政府职能，加强医疗全行业管理和医疗质量监管，落实公立医院自主权。要把控制医疗费用不合理增长作为公立医院综合改革的重要内容，推动建立控制医疗费用过快增长的机制，切实提高群众的获得感。要加强联动协同，配合有关部门加快理顺药品和医疗服务价格。同步推进医保改革。

（四）支持地方结合实际改革创新。要在顶层设计和总体规划的前提下，尊重地方主体地位，尊重基层首创精神，允许地方先行先试，鼓励地方创新；同时加强分类指导，全面、客观、准确评估不同地方改革实践，总结积累经验，完善后逐步推开。要采取多种形式，鼓励社会公众、人大代表、政协委员以及利益相关方参与医改重大政策制定过程，提高决策的科学化、民主化水平。

三、积极探索发挥医保在医改中的基础性作用

（五）加快推进医保统筹，发挥医保的基础性作用。要按照建立更加公平、更可持续的社会保障制度的要求，加快推进医保城乡统筹、区域统筹、体系统筹、管理服务统筹。当前要按照国发〔2016〕3号文件要求，重点推进城乡医保统筹。要按照社会保险法的要求，坚持依法行政，发挥部门法定职能；要坚持社会保险统一管理，实现社会保险一体化运行，发挥社会保险的整体功能，促进各项社保制度之间的有效衔接；要尊重地方实践和客观规律，坚持发挥医保对医疗服务的外部制约作用，促进医疗、医药体制机制改革，增强医保对医疗服务行为的激励约束；要坚持医保一体化管理，依托现有资源，减少重复建设，降低公共管理成本，提高运行效率；要坚持维护社会公平公正，促进城乡经济社会协调发展，增强群众的获得感。

（六）继续深化医保支付方式改革。要把支付方式改革放在医改的突出位置，发挥支付方式在规范医疗服务行为、控制医疗费用不合理增长方面的积极作用，加强与公立医院改革、价格改

革等各方联动，同步推进医疗、医药领域的供给侧改革，为深化支付方式改革提供必要的条件。结合医保基金预算管理，全面推进付费总额控制，加快推进按病种、按人头等付费方式，积极推动按病种分组付费（DRGs）的应用，探索总额控制与点数法的结合应用，建立复合式付费方式，促进医疗机构之间良性竞争，激励医疗机构加强自我管理，发挥医保支付对医疗机构和医务人员的激励约束作用。

（七）加大医保管理机制创新。要适应市场经济需要，建立健全市场化的医疗服务购买机制，明确医保代表参保人利益和医疗服务购买者的角色定位，提高基金使用效率，切实维护参保人权益。要适应社会治理方式改革，转变理念，创新管理方式，建立健全医保与医疗机构、医药机构的谈判协商和风险共担机制，完善协议管理，加强双方平等协商；要积极参与医药和医疗服务价格改革，制定与价格改革相适应的药品和医疗服务医保支付标准，探索建立引导药品价格合理形成的机制，促进医疗机构主动降低采购价格，推动医药产业发展和技术创新；要探索建立医保用药准入和询价新机制，发挥医保对医疗资源配置的引导和调节作用，发挥医保对相关利益的调控和引导作用；要推动药品流通体制改革，促进医药分开，探索医疗服务和药品分别支付，从体制机制上消除公立医院以药养医的痼疾。要完善医保医师制度，建立医保医师库，推行医保医师约谈工作机制，加强医保对医疗服务行为事前、事中监管，逐步将医保对医疗机构服务的监管延伸到对医务人员医疗服务行为的监管。要适应信息化发展，大力挖掘和利用医保大数据，全面推广医保智能监控，强化医保经办机构能力建设，提升医保管理服务水平。

四、统筹推进医疗行业人事薪酬制度改革

（八）要建立符合医疗行业特点的人事薪酬制度。医务人员是医疗行业的核心资源。要尊重医务人员主体地位，促进医疗资源合理流动，增强人才活力，稳步推进和规范医师多点执业，推动公立医院实现公益性，按照国家统一部署，建立激励相容、灵活高效、符合医疗行业特点的人事薪酬制度。要配合有关部门建立健全公立医院改革绩效考核机制，把医保支付、医保医师管理、协议执行、人事管理、绩效工资等纳入考核范围，完善考核指标体系，强化考核的激励约束作用，考核结果与医保结算、绩效工资总量、医疗机构医保评级管理等直接挂钩，促进公立医院主动加强内部管理，控制医疗费用不合理增长，为参保人提供优质的医疗服务。要统筹优化人事、收入分配、专业技术人才评价、医保管理等各项职能，解放思想，主动作为，形成合力，发挥人力资源社会保障部门整体效应，形成推进医改的良好格局。

五、抓好综合医改试点工作

（九）高度重视综合医改试点。综合医改试点是国务院作出的重大改革部署，对于解决医改深层次矛盾和体制机制问题，推动医改向纵深发展具有重要意义。各地人力资源社会保障部门要高度重视综合医改试点工作，将综合医改试点作为一项重要改革内容，加强统筹，突出重点，知责明责、守责尽责，整体研究，深度参与，勇于担当，确保综合医改试点有序推进。没有列入综合医改试点的地区要因地制宜，积极探索，统筹推进各项改革。

（十）健全工作机制，加强组织领导。各地人力资源社会保障部门要在当地党委政府的领导下，在发挥医改领导小组和医改办统筹协调作用的同时，充分发挥部门职能作用，形成工作合力。要主动推动健全试点工作机制，完善议事规则，确保重大问题、重要事项和重大政策提交医改领导小组审议前充分协商，达成一致。建立部省试点沟通协调机制，各省在综合医改试点过程中遇到的重要情况、重大问题和重大事项要及时报告人力资源社会保障部。要加强指导评估，强化督促检查，建立试点工作调度和情况通报制度，总结交流各地经验做法。各地要健全省内试点工作机制，加强对省内试点工作的指导，加强与相关部门的沟通协调。

人力资源社会保障部　财政部 国家卫生计生委关于做好当前生育保险工作的意见

（2018 年 3 月 5 日　人社部发〔2018〕15 号）

各省、自治区、直辖市及新疆生产建设兵团人力资源社会保障厅（局）、财政厅（局）、卫生计生委，福建省医保办：

生育保险制度自建立以来，总体保持平稳运行，对维护职工生育保障权益、促进妇女公平就业、均衡用人单位负担发挥了重要作用。近年来，为应对经济下行压力，生育保险采取降费率措施，减轻了企业负担；同时，应对人口老龄化，适应国家实施全面两孩政策，采取措施保障生育保险待遇，促进了人口均衡发展。当前，为切实维护全面两孩政策下参保职工合法权益，确保生育保险稳健运行，现对进一步做好生育保险工作提出如下意见：

一、提高认识，确保生育保险待遇落实

实施全面两孩政策是适应人口和经济社会发展新形势的重大战略举措，落实生育保险政策是实施全面两孩政策的重要保障措施。各地要统一思想，提高认识，主动适应计划生育政策调整，坚持科学发展，体现社会公平，切实维护职工合法权益。要确保

应保尽保，将符合条件的用人单位及职工纳入参保范围；确保参保职工的生育医疗费用和生育津贴按规定及时足额支付，杜绝拖欠和支付不足现象。要根据全面两孩生育政策对生育保险基金的影响，增强风险防范意识和制度保障能力，确保生育保险基金收支平衡，实现制度可持续发展。

二、加强预警，完善费率调整机制

各地要结合全面两孩政策实施，完善生育保险监测指标。充分利用医疗保险信息网络系统，加强生育保险基金运行分析，参照基本医疗保险基金管理要求，全面建立生育保险基金风险预警机制，将基金累计结存控制在6~9个月支付额度的合理水平。

基金当期入不敷出的统筹地区，首先动用累计结存，同时制定预案，根据《社会保险基金财务制度》提出分类应对措施，经报同级政府同意后及时启动。基金累计结存不足（< 3个月支付额度）的统筹地区，要及时调整费率，具体费率由统筹地区按照“以支定收、收支平衡”的原则，科学测算全面两孩政策下基金支出规模后合理确定。基金累计结存完全消化的统筹地区，按规定向同级财政部门申请补贴，保障基金当期支付，同时采取费率调整措施，弥补基金缺口。

开展生育保险与职工基本医疗保险（以下统称两项保险）合并实施试点的统筹地区，要通过整合两项保险基金和统一征缴，增强基金统筹共济能力。要跟踪分析合并实施后基金运行情况，根据基金支出需求，确定新的费率并建立动态调整机制，防范风险转嫁。

三、引导预期，规范生育津贴支付政策

各地要按照“尽力而为、量力而行”的原则，坚持从实际出发，从保障基本权益做起，合理引导预期。要综合考虑生育保险基金运行和用人单位缴费等情况，规范生育津贴支付期限和计发标准等政策，确保基金可持续运行和待遇享受相对公平。确保《女职工劳动保护特别规定》法定产假期限内的生育津贴支付，探索多渠道解决生育奖励假待遇问题。

四、加强管理，提高基金使用效率

各地要结合全民参保计划实施，进一步扩大生育保险覆盖面，加大征缴力度，与基本医疗保险同步推进统筹层次提升。加强生育保险定点协议管理，切实保障参保人员生育医疗权益，促进生育医疗服务行为规范。将生育医疗费用纳入医保支付方式改革范围，实行住院分娩医疗费用按病种、产前检查按人头付费，实现经办机构与定点医疗机构费用直接结算。充分利用医保智能监控系统，强化监控和审核，控制生育医疗费用不合理增长。

五、高度重视，切实做好组织实施工作

各地要高度重视生育保险工作，切实加强组织领导，做好统筹协调。加强政策宣传与舆论引导，准确解读相关政策，及时回应群众关切。各级人力资源社会保障、财政、卫生计生部门要明确职责，密切配合，形成工作合力，加强对统筹地区工作指导，及时研究解决有关问题。积极稳妥推进两项保险合并实施试点工作，及时总结试点经验，为全面推开两项保险合并实施工作奠定基础。工作推进中，如遇到重大问题，要及时报告。

人力资源社会保障部办公厅关于开展长期护理保险制度试点的指导意见

（2016 年 6 月 27 日　人社厅发〔2016〕80 号）

河北、吉林、黑龙江、上海、江苏、浙江、安徽、江西、山东、湖北、广东、重庆、四川省（市）人力资源社会保障厅（局），新疆生产建设兵团人力资源社会保障局：

探索建立长期护理保险制度，是应对人口老龄化、促进社会经济发展的战略举措，是实现共享发展改革成果的重大民生工程，是健全社会保障体系的重要制度安排。建立长期护理保险，有利于保障失能人员基本生活权益，提升他们体面和有尊严的生活质量，弘扬中国传统文化美德；有利于增进人民福祉，促进社会公平正义，维护社会稳定；有利于促进养老服务产业发展和拓展护理从业人员就业渠道。根据党的十八届五中全会精神和“十三五”规划纲要任务部署，现就开展长期护理保险制度试点，提出以下意见：

一、指导思想和原则

（一）指导思想。全面贯彻党的十八大和十八届三中、四中、五中全会精神，以邓小平理论、“三个代表”重要思想、科学发展观为指导，深入贯彻习近平总书记系列重要讲话精神，按照“五位一体”总体布局和“四个全面”战略布局，推动探索建立长期护理保险制度，进一步健全更加公平更可持续的社会保障体系，不断增加人民群众在共建共享发展中的获得感和幸福感。

（二）基本原则。坚持以人为本，着力解决失能人员长期护理保障问题，提高人民群众生活质量和人文关怀水平。坚持基本保障，根据当地经济发展水平和各方面承受能力，合理确定基本保障范围和待遇标准。坚持责任分担，遵循权利义务对等，多渠道筹资，合理划分筹资责任和保障责任。坚持因地制宜，各地根据长期护理保险制度目标任务和基本政策，结合地方实际，制定具体实施办法和政策标准。坚持机制创新，探索可持续发展的体制机制，提升保障绩效，提高管理水平。坚持统筹协调，做好各类社会保障制度的功能衔接，协同推进健康产业和服务体系的发展。

二、目标和任务

（三）试点目标。探索建立以社会互助共济方式筹集资金，为长期失能人员的基本生活照料和与基本生活密切相关的医疗护理提供资金或服务保障的社会保险制度。利用 1~2 年试点时间，积累经验，力争在“十三五”期间，基本形成适应我国社会主义市场经济体制的长期护理保险制度政策框架。

（四）主要任务。探索长期护理保险的保障范围、参保缴费、待遇支付等政策体系；探索护理需求认定和等级评定等标准体系和管理办法；探索各类长期护理服务机构和护理人员服务质量评价、协议管理和费用结算等办法；探索长期护理保险管理服务规范和运行机制。

三、基本政策

（五）保障范围。长期护理保险制度以长期处于失能状态的参保人群为保障对象，重点解决重度失能人员基本生活照料和与基本生活密切相关的医疗护理等所需费用。试点地区可根据基金承受能力，确定重点保障人群和具体保障内容，并随经济发展逐步调整保障范围和保障水平。

（六）参保范围。试点阶段，长期护理保险制度原则上主要覆盖职工基本医疗保险（以下简称职工医保）参保人群。试点地区可根据自身实际，随制度探索完善，综合平衡资金筹集和保障需要等因素，合理确定参保范围并逐步扩大。

（七）资金筹集。试点阶段，可通过优化职工医保统账结构、划转职工医保统筹基金结余、调剂职工医保费率等途径筹集资金，并逐步探索建立互助共济、责任共担的长期护理保险多渠道筹资机制。筹资标准根据当地经济发展水平、护理需求、护理服务成本以及保障范围和水平等因素，按照以收定支、收支平衡、略有结余的原则合理确定。建立与经济社会发展和保障水平相适应的动态筹资机制。

（八）待遇支付。长期护理保险基金按比例支付护理服务机构和护理人员为参保人提供的符合规定的护理服务所发生的费用。根据护理等级、服务提供方式等制定差别化的待遇保障政策，对符合规定的长期护理费用，基金支付水平总体上控制在70%左右。具体待遇享受条件和支付比例，由试点地区确定。

四、管理服务

（九）基金管理。长期护理保险基金参照现行社会保险基金有关管理制度执行。基金单独管理，专款专用。建立举报投诉、信息披露、内部控制、欺诈防范等风险管理制度。建立健全长期护理保险基金监管制度，确保基金安全有效。

（十）服务管理。建立健全对护理服务机构和从业人员的协议管理和监督稽核等制度。明确服务内涵、服务标准以及质量评价等技术管理规范，建立长期护理需求认定和等级评定标准体系，制定待遇申请和资格审定及变更等管理办法。探索引入第三方监管机制，加强对护理服务行为和护理费用使用情况的监管。加强费用控制，实行预算管理，探索适应的付费方式。

（十一）经办管理。加强长期护理保险经办管理服务能力建设，规范机构职能和设置，积极协调人力配备，加快信息系统建设。制定经办规程，优化服务流程，明确相关标准，创新管理服务机制。社会保险经办机构可以探索委托管理、购买以及定制护理服务和护理产品等多种实施路径、方法，在确保基金安全和有效监控前提下，积极发挥具有资质的商业保险机构等各类社会力量的作用，提高经办管理服务能力。加强信息网络系统建设，逐步实现与养老护理机构、医疗卫生机构以及其他行业领域信息平台的信息共享和互联互通。

五、配套措施

（十二）加强与其他保障制度之间的统筹衔接。做好与其他社会保险制度在筹资、待遇等方面的政策与管理衔接。应由已有社会保障制度和国家法律规定支付的护理项目和费用，长期护理保险基金不再给予支付，避免待遇重复享受。

（十三）协同推进长期护理服务体系建设和发展。积极推进长期护理服务体系建设，引导社会力量、社会组织参与长期护理服务，积极鼓励和支持长期护理服务机构和平台建设，促进长期护理服务产业发展。充分利用促进就业创业扶持政策和资金，鼓励各类人员到长期护理服务领域就业创业，对其中符合条件的，按规定落实相关补贴政策。加强护理服务从业人员队伍建设，加大护理服务从业人员职业培训力度，按规定落实职业培训补贴政策。逐步探索建立长期护理专业人才培养机制。充分运用费用支付政策对护理需求和服务供给资源配置的调节作用，引导保障对象优先利用居家和社区护理服务，鼓励机构服务向社区和家庭延伸。鼓励护理保障对象的亲属、邻居和社会志愿者提供护理服务。

（十四）探索建立多层次长期护理保障制度。积极引导发挥社会救助、商业保险、慈善事业等的有益补充，解决不同层面护理需求。鼓励探索老年护理补贴制度，保障特定贫困老年人长期护理需求。鼓励商业保险公司开发适销对路的保险产品和服务，发展与长期护理社会保险相衔接的商业护理保险，满足多样化、多层次的长期护理保障需求。

六、组织实施

（十五）组织领导。长期护理保险制度试点工作政策性强，涉及面广，各级人力资源社会保障部门要高度重视，加强部门协调，上下联动，共同推进试点工作有序开展。为积极稳妥推进试点，从2016年起确定在部分地区开展试点（名单附后）。试点地区人力资源社会保障部门要在当地政府领导下，加强工作力量配备，按照指导意见要求，研究制定和完善试点方案，周密计划部署，协调相关部门，推动工作落实。新开展试点的地区要抓紧制定试点方案，报省人力资源社会保障厅批准并报人力资源社会保障部备案后，确保年内启动实施。已开展试点的地区要按照本意见要求继续完善政策。

（十六）工作机制。试点原则上以地市为单位整体实施。要建立信息沟通机制，通过简报、情况专报、专题研讨等方式，交流地方探索情况，总结推广典型经验。要建立工作督导机制，试点地区应按季度报送工作进度和试点情况。部里定期组织督导调研，研究试点中出现的新问题、新情况。要建立协作咨询机制，方案制定过程中要广泛听取各方意见，成立专家团队等协作平台，组织和利用社会各界力量。要注重加强宣传工作，大力宣传建立长期护理保险制度的重要意义、制度功能和试点成效，充分调动广大人民群众参与试点的积极性和主动性，引导社会舆论，凝聚社会共识，为试点顺利推进构建良好的社会氛围。

试点中遇有重大事项，要及时向我部报告。

附件：长期护理保险制度试点城市名单（略）